Tobias Götz

WEIHNACHTEN SCHON WAS VOR?

Gemeinsam spielen, raten, backen, kochen – die Tage rund ums Fest aktiv gestalten

BORN-VERLAG

Der Autor

Tobias Götz, geb. 1981, ist verheiratet und Vater von zwei Söhnen.
Er ist Bäckermeister, Betriebswirt (BdH), Diakon der württembergischen Landeskirche und derzeit geschäftsführender Jugendreferent im Evangelischen Jugendwerk Bezirk Neuenbürg.
Seine theologische Ausbildung absolvierte er am Theologischen Seminar der Liebenzeller Mission.
Davor war er zu einem Kurzzeiteinsatz einige Monate in der Region Betlehem.

Mein Dank gilt:

Unserem himmlischen Vater, ohne den es weder Weihnachten noch dieses Buch geben würde.

Julia Götz für den Freiraum, der es mir ermöglichte, aus einer Idee ein Buch entstehen zu lassen. Ich liebe dich!

Karl-Heinz Geppert für sein Mitwirken daran, dass ich in die Region Betlehem gekommen bin, und seine langjährige Begleitung.

Marlene Shahwan, ihr Maqlube-Rezept durfte ich verfeinern.

Christine Bühler und Rainer Däschler für anregende Rückmeldungen sowie allen weiteren Testspielerinnen und -spielern.

Den Verantwortlichen des biblischen Rundwanderwegs in Tumlingen.

Klaus Günther für alle Unterstützung bei diesem Buchprojekt.

Marina Schmid für das Lektorat.

Dieter Betz für das tolle Layout.

INHALT

Zu diesem Buch 5
Eine schöne Bescherung 6
Weihnachten spielend erleben 7
Spielerklärung 8
Variante 1 – Das komplette Spiel mit Spielleiter 8
Variante 2 – Das komplette Spiel ohne Spielleiter 9
Variante 3 – Das Spiel in zwei Etappen 9
Materialliste 11
Spielstand 12
Los geht´s 13
Lukas 2,1 13
Lukas 2,2 18
Lukas 2,3 20
Lukas 2,4 21
Lukas 2,5 22
Lukas 2,6 23
Lukas 2,7 25
Lukas 2,8 26
Lukas 2,9 28
Lukas 2,10 29
Lukas 2,11 30
Lukas 2,12 35
Lukas 2,13 39
Lukas 2,14 44
Lukas 2,15 45
Lukas 2,16 48
Lukas 2,17 51
Lukas 2,18 54

Lukas 2,19 ... 56

Lukas 2,20 ... 58

Betlehem – Eine kleine Stadt kommt groß raus ... 59

Weihnachten in Betlehem – ein Totalausfall ... 60

Brothausen ... 63

Rezepte

Lechem-Brot ... 65

Hintergrundinfo Sauerteig ... 68

Holzofenbrot – Backen wie in früheren Zeiten ... 68

Hintergrundinfo Mehlkochstück ... 71

Oliven – Ein prägendes Element ... 71

Olivenbrötchen ... 72

Fladen mit Käsefüllung ... 74

Freudige Erwartung ... 75

Am Ende noch ein Gericht – Maqlube ... 80

Holy-Night-Dessert (Biskuitomelett mit Sahne) ... 82

Anstelle eines Nachwortes:

Eine kleine Hommage an die Kamele ... 85

Lösungen

Lösungen Spiel 1 – Geschichtsquiz ... 88

Lösungen Spiel 2 – Rechnen ... 89

Lösungen Spiel 13 – Lieder raten ... 89

Lösung Spiel 15 – Richtig oder falsch? ... 92

Lösungen Spiel 16 – Wörter gesucht ... 93

Literatur ... 95

ZU DIESEM BUCH

Die Weihnachtszeit ist für die allermeisten von uns eine ganz besondere Zeit. Da ich im Dezember kurz vor Weihnachten geboren bin, war der Dezember für mich von Kind an ein herausragender Monat im Jahr. Bis heute freue ich mich sehr, wenn auch anders, auf die letzten Wochen im Jahr.

Eine begeisternde Zeit erlebte ich, als ich mehrere Monate, inclusive der Weihnachtszeit, in Betlehem leben durfte. Zunächst jedoch war die Konfrontation mit realen Plätzen der Bibel sehr ernüchternd. Bestimmte innere Vorstellungen, die ich bis dahin hatte, wurden durch die Begegnung mit den biblischen Stätten zunächst zerstört. Das war in Betlehem vor allem in der Geburtskirche der Fall. Dieser Ort mit der sogenannten Geburtsgrotte bietet kaum Platz für weihnachtliche Romantik. Die Auseinandersetzung mit dem, was ich in Betlehem gesehen und erlebt habe, hat letztlich zu einer tieferen Auseinandersetzung mit dem Weihnachtsgeschehen geführt.

Als ausgebildeter Bäcker hatte ich auch das Gefühl, dass sich in meiner Biografie Dinge zusammenfügen, die ich davor nicht wahrgenommen habe.
Mein Wunsch ist, dass dieses Buch einen kleinen Beitrag dazu leistet, das Wunder der Weihnacht neu zu erleben und ein Stück weit mehr zu begreifen. Fassen können wir es nicht. Doch es erschließen sich uns immer wieder neue Zugänge. Ein solcher will auch dieses Buch sein. Es lädt ein zum Lesen, Spielen, Backen, Kochen, Essen, Gemeinschaft Leben und Feiern. Zu jedem Vers der Weihnachtsgeschichte des Evangelisten Lukas bietet es jeweils ein kurzes Spiel oder eine Aktion und regt dazu an, die Weihnachtsgeschichte spielend in der Familie oder mit einer Gruppe zu erleben.

Daneben gibt es ein paar Rezepte, die zum Selber Backen und Kochen einladen mit dem Ziel, Weihnachten gemeinsam zu feiern. Dabei wünsche ich viel Spaß und Freude.

EINE SCHÖNE BESCHERUNG

Der Schlag saß. Kurz nach dem Beginn ihrer Beziehung sah er sich jetzt schon am Ende. Es war ein Schlag mitten ins Gesicht. Absolut ohne jede Vorahnung traf ihn das Drama eines persönlichen und gesellschaftlichen „Knock-outs".
Sie waren verlobt. Vom Gesetz wurden sie faktisch schon als Verheiratete angesehen, doch noch lebten sie getrennt. Der Vollzug ihrer Ehe stand noch aus. Das Haus war gebaut und bereit für den Einzug seiner Frau. Alles lief nach Plan. Dass er noch nicht mit ihr geschlafen hatte, wusste er auch ganz genau. Die Möglichkeit eines „Unfalls" war ausgeschlossen.
Seine Welt schien zusammenzubrechen. Seine Braut war schwanger – aber nicht von ihm. Was für eine Geschichte! Völlig abgedreht, was ihm da seine Maria unterbreitete. Von wegen Engel, Heiligem Geist und Gottessohn. Das war für Josef zu viel. Unauffällig wollte er sich verziehen. Einfach weg. In seinen Augen die Lösung, bei der beide mit dem geringsten Schaden davon kämen. Doch der Gesichtsverlust war unausweichlich. Er war augenfällig angeschlagen. Josef stand mit dem Rücken zur Wand.

Das sind Situationen, die sich keiner wünscht. Jedermann kennt sie unterschiedlich stark, wenn auch nicht in diesem Ausmaß: die Schläge des Lebens, die in die Ausweglosigkeit drängen.
Als Josef so angezählt am Boden lag, rief ihm ein Engel Gottes zu: „Fürchte dich nicht!" Josef bekommt das unglaubliche Projekt erklärt, das Gott mit Maria und ihm startete. Maria war vom Heiligen Geist schwanger. Wie auch immer sich Josef das vorgestellt haben musste, es war für ihn ein Befreiungsschlag. Durch Gott gestärkt, fasste Josef Mut. Er wurde zum Adoptivvater von Jesus. Über den sagte der Engel: „Er wird sein Volk retten." So wurde Jesus nicht nur für Josef zu einer wirklich schönen Bescherung. Er kann auch dir und mir aus deiner und meiner Ausweglosigkeit heraushelfen.

„Sie wird einen Sohn zur Welt bringen. Du sollst ihm den Namen Jesus geben. Denn er wird sein Volk retten: Er befreit es von aller Schuld."
Matthäus 1, 21

WEIHNACHTEN SPIELEND ERLEBEN

Die Weihnachtsgeschichte nach Lukas
Lukas 2,1-20

Jesus wird geboren
Damals, zu derselben Zeit, befahl Kaiser Augustus, im ganzen römischen Reich eine Volkszählung durchzuführen. Es war die erste Volkszählung. Sie fand statt, als Quirinius in Syrien regierte. Da machten sich alle auf, um sich in die Steuerlisten eintragen zu lassen – jeder in seine Heimatstadt.
Auch Josef ging von der Stadt Nazaret in Galiläa hinauf nach Judäa. Sein Ziel war die Stadt Davids, die Betlehem heißt. Denn er stammte aus dem Königshaus und der Familie Davids.
In Betlehem wollte er sich eintragen lassen zusammen mit Maria, seiner Verlobten. Maria war schwanger. Während sie dort waren, kam die Zeit der Geburt. Maria brachte ihren ersten Sohn zur Welt. Sie wickelte ihn in Windeln und legte ihn in eine Futterkrippe. Denn sie hatten in der Herberge keinen Platz gefunden.

Die Engel verkünden die Geburt von Jesus
In der Gegend von Betlehem waren Hirten draußen auf den Feldern. Sie hielten in der Nacht Wache bei ihrer Herde.
Auf einmal trat der Engel des Herrn zu ihnen, und die Herrlichkeit des Herrn umstrahlte sie. Die Hirten bekamen große Angst.
Der Engel sagte zu ihnen: „Habt keine Angst! Seht doch: Ich bringe euch eine Freudenbotschaft. Im ganzen Volk wird große Freude herrschen.
Denn heute ist in der Stadt Davids für euch der Retter geboren worden: Er ist Christus, der Herr
Und dies ist das Zeichen, an dem ihr das alles erkennt. Ihr werdet ein neugeborenes Kind finden. Es ist in Windeln gewickelt und liegt in einer Futterkrippe."
Plötzlich war der Engel umgeben vom ganzen himmlischen Heer der Engel. Die lobten Gott und riefen:
„Gottes Herrlichkeit erfüllt die Himmelshöhe! Und sein Friede kommt auf die Erde zu den Menschen, denen er sich in Liebe zuwendet!"

Die Hirten kommen zu Jesus
Die Engel verließen die Hirten und kehrten in den Himmel zurück. Da sagten die Hirten zueinander: „Kommt, wir gehen nach Betlehem und sehen uns die Geschichte an, die uns der Herr gerade erklärt hat!"

Die Hirten liefen hin, so schnell sie konnten. Sie fanden Maria und Josef und das neugeborene Kind, das in der Futterkrippe lag.
Als sie das sahen, erzählten sie, was ihnen der Engel über dieses Kind gesagt hatte.
Alle, die es hörten, staunten über das, was ihnen die Hirten berichteten.
Aber Maria prägte sich alle ihre Worte gut ein und dachte viel darüber nach.
Die Hirten kehrten wieder zurück. Sie priesen und lobten Gott für das, was sie gehört und gesehen hatten. Es war alles genau so, wie es ihnen der Engel gesagt hatte.

Spielerklärung

Zu jedem der 20 Verse aus der Weihnachtsgeschichte des Lukas gibt es ein Spiel, eine Aktion oder bei Vers elf einen vertiefenden Impuls. Die Inhalte der einzelnen Verse werden kurz dargestellt und aus ihnen die jeweiligen Aktionen abgeleitet und genau erklärt.
Das Spiel kann mit mehreren Einzelspielern oder mit Teams gespielt werden. Es eignet sich für Familien ebenso wie für Jugendgruppen oder andere Gruppen ab zwei Personen.
Bei manchen Spielen bietet es sich an, einen Spielleiter zu haben, der nicht mitspielt. Wenn ihr mit Teams spielt, könnt ihr, wenn nötig, abwechselnd aus jedem Team einen Spielleiter stellen.
Falls der Spielleiter bereits vor Spielbeginn feststeht (etwa bei einer Jugendgruppe der Leiter), kann diese Person die Fragen von Spiel 2 und 16 vorab für die einzelnen Spieler oder Gruppen aus dem Buch kopieren, damit diese zeitgleich von allen gut gelesen werden können. Bei den anderen Quizspielen bietet es sich an, dass der Spielleiter die Fragen einzeln vorliest.
Bei jedem Spiel bekommt der Gewinner einen Punkt, gibt es einen Gleichstand der Besten eines Spiels, bekommen sie jeweils einen Punkt. Wer nach Vers 20 die meisten Punkte hat, gewinnt dieses Weihnachtsspiel.
Das Spiel kann mit zwei bis sechs Spielern oder Teams in unterschiedlichen Variationen gespielt werden. Im Folgenden werden drei Varianten beschrieben.

Variante 1 – Das komplette Spiel mit Spielleiter

Bei dieser Variante spielt ihr die komplette Weihnachtsgeschichte durch von Vers 1 bis 20. Diese Variante ist mit zwei bis sechs Einzelspielern oder zwei bis sechs Teams spielbar.
Seid ihr mindestens sechs Personen, könnt ihr das Spiel in Teams spielen. Ein Team muss aus mindestens zwei Personen bestehen.
Besonders beim Spiel mit Teams ist ein Spielleiter sehr empfehlenswert.
Der Spielleiter organisiert vorab das benötigte Spielmaterial entsprechend der Ma-

terialliste und kopiert einen Aufgabensatz der Spiele 2 und 16 für jeden Spieler bzw. jedes Team sowie für jedes Team ein anderes Begriffskärtchen aus Spiel 17.

Die einzelnen Spiele
Ihr lest jeweils zuerst den entsprechenden Vers aus dem Lukasevangelium. Dem folgt mal ein kürzerer und mal etwas längerer Text, der vom Vers zum Spiel oder einer Aktion hinführt.
Bei den einzelnen Spielbeschreibungen beachtet ihr die Hinweise zu Variante 1.
Der Gewinner eines Einzelspiels bekommt jeweils einen Punkt.

Der Zeitbedarf, um die komplette Weihnachtsgeschichte spielerisch zu erleben, beträgt ca. 2-3 Stunden, je nach Anzahl und Leistung der Spieler.

Variante 2 – Das komplette Spiel ohne Spielleiter

Bei dieser Variante spielt ihr die komplette Weihnachtsgeschichte durch von Vers 1 bis 20. Diese Variante ist mit zwei bis sechs Einzelspielern oder zwei bis sechs Teams spielbar.
Seid ihr mindestens sechs Personen, könnt ihr das Spiel in Teams spielen. Ein Team muss aus mindestens zwei Personen bestehen.
Bei der Variante ohne Spielleiter solltet ihr vor Spielbeginn das Material entsprechend der Materialliste zusammenstellen, um einen flüssigen Spielablauf zu gewährleisten.

Die einzelnen Spiele
Ihr lest jeweils zuerst den entsprechenden Vers aus dem Lukasevangelium. Dem folgt mal ein kürzerer und mal etwas längerer Text, der vom Vers zum Spiel oder einer Aktion hinführt.
Bei den einzelnen Spielbeschreibungen beachtet ihr die Hinweise zu Variante 2.
Der Gewinner eines Einzelspiels bekommt jeweils einen Punkt.

Der Zeitbedarf, um die komplette Weihnachtsgeschichte spielerisch zu erleben, beträgt ca. 2-3 Stunden, je nach Anzahl und Leistung der Spieler.

Variante 3 – Das Spiel in zwei Etappen

Bei dieser Variante spielt ihr die Weihnachtsgeschichte in zwei Einheiten durch: Etappe 1 von Vers 1 bis 11 und Etappe 2 von Vers 12 bis Vers 20.
Diese Variante ist mit zwei bis sechs Einzelspielern oder zwei bis sechs Teams spielbar.

Seid ihr mindestens sechs Personen, könnt ihr das Spiel in Teams spielen. Ein Team muss aus mindestens zwei Personen bestehen. Ihr lest jeweils zuerst den entsprechenden Vers aus dem Lukasevangelium. Dem folgt mal ein kürzerer und mal etwas längerer Text, der vom Vers zum Spiel oder einer Aktion hinführt. Wenn ihr mit einem Spielleiter spielt, beachtet ihr bei den einzelnen Spielbeschreibungen die Hinweise zu Variante 1. Spielt ihr ohne Spielleiter, gelten für euch jeweils die Beschreibungen der Variante 2.
Der Gewinner eines Einzelspiels bekommt jeweils einen Punkt.

Etappe 1:
Die Spielrunde beginnt mit Vers 1 und endet nach Vers 10 und schließt mit dem Impuls von Vers 11 ab.
Der Zeitbedarf für diese Einheit beträgt ca. 60 – 90 Minuten, je nach Anzahl und Leistung der Spieler.

Etappe 2:
Spielen alle Spieler von Etappe 1 auch bei Etappe 2 mit, könnt ihr den Punktestand von Etappe 1 mit in die Spielfortsetzung nehmen. Ansonsten starten alle mit null Punkten in diese Etappe.

Die Spielrunde beginnt mit Vers 12 und endet nach Vers 19 und schließt mit dem Impuls von Vers 20 ab.
Der Zeitbedarf für diese Einheit beträgt ca. 45 – 70 Minuten, je nach Anzahl und Leistung der Spieler.
Die beiden Einheiten eignen sich so auch bestens für Jugendmitarbeiter zur Gestaltung der letzten beiden Gruppenstunden vor Weihnachten.
In einer Gruppe oder einem Kreis bietet es sich an, für die Einheit mit Etappe 2 Plätzchen und Punsch oder was immer ihr für eine gruppeninterne Weihnachtsfeier möchtet, mitzubringen. Zeit für ein gemütliches Zusammensein wird nach der Etappe sicher noch sein.
Wenn ihr dann noch Lust habt, könnt ihr auch noch den Impuls „Freudige Erwartung“ lesen. Wer es lieber kürzer und humorvoller mag, findet mit der Kamelgeschichte einen tierischen Abschluss.

MATERIALLISTE

Damit ihr das Spiel flüssig durchspielen könnt, ist es empfehlenswert, vor Spielbeginn folgende Dinge zu organisieren:

- Stifte, für jeden Spieler / jedes Team einen
- Papier, um den Spielstand zu notieren
- Würfel
- Musikplayer, idealerweise mit Weihnachtsliedern (z.B. Smartphone, CD-Player, ...)
- Softball (wenn in einem Raum gespielt wird, sonst geht auch ein anderer Ball)
- Puppe mit Puppenkleidern und eine Stoffwindel
- 2 volle Streichholzschachteln
- 1 Teelicht
- Edelstahl- oder Porzellanplatte
- Stühle entsprechend der Spieleranzahl
- Kopierte Rechenaufgaben für jeden Spieler / jedes Team (Seite 19)
- Vorlage Haus (Seite 38)
- Kopien der Wörter für jeden Spieler / jedes Team (Seite 49f)
- Kopien der Wörter für das Spiel „Berichten“ (Seite 52f)

SPIELSTAND

Lk 2,1						
Lk 2,2						
Lk 2,3						
Lk 2,4						
Lk 2,5						
Lk 2,6						
Lk 2,7						
Lk 2,8						
Lk 2,9						
Lk 2,10						
Lk 2,11						
Lk 2,12						
Lk 2,13						
Lk 2,14						
Lk 2,15						
Lk 2,16						
Lk 2,17						
Lk 2,18						
Lk 2,19						
Endstand						

LOS GEHT'S

LUKAS 2,1

Damals, zu derselben Zeit, befahl Kaiser Augustus, im ganzen römischen Reich eine Volkszählung durchzuführen.

Die Weihnachtsgeschichte nach Lukas beginnt mit den Worten „Damals, zu derselben Zeit, befahl Kaiser Augustus ...“. Was war das für eine Zeit, in der Augustus Kaiser war? Was wisst ihr über „jene Zeit“? Das könnt ihr in dem Quizspiel zur Zeit des Kaisers Augustus testen.

SPIEL – Geschichtsquiz

Bei diesem Spiel müssen Quizfragen richtig beantwortet werden. Zu jeder Frage gibt es vier Antwortmöglichkeiten. Wer meint, die richtige Antwort zu kennen, ruft laut den Buchstaben der Lösung. Ist die Wortmeldung korrekt, bekommt der Spieler / das Team einen Punkt.

Variante 1 mit Spielleiter:
Der Spielleiter liest die Frage und alle vier Antwortmöglichkeiten vor. Erst nachdem alle vier Antwortmöglichkeiten vorgelesen wurden, dürfen die Spieler eine Lösung nennen. Wer zuerst die richtige Lösung nennt, bekommt einen Punkt.
Dann geht es mit der nächsten Frage weiter.
Wer nach sieben Fragen die meisten Punkte oder zuerst drei Punkte hat, gewinnt das Spiel.

Variante 2 ohne Spielleiter:
Jeder Spieler / jedes Team löst alle sieben Fragen und schreibt die Antworten auf einen Zettel. Wenn der erste Spieler / das erste Team alle Fragen gelöst hat, ruft er / es „Stopp“. Nun müssen auch die anderen Spieler / Teams aufhören. Wer die meisten Punkte hat, gewinnt das Spiel. Bei Gleichstand bekommt jeder / jedes Team je einen Punkt.

Fragen

A

1) Augustus war Kaiser des ...

A) ... assyrischen Reiches
B) ... babylonischen Reiches
C) ... römischen Reiches
D) ... hellenistischen Reiches

....

2) Der römische Titel „Augustus“ wurde ihm 27 v. Chr. verliehen und anschließend von allen römischen Kaisern geführt. Als Name bezog sich Augustus nur auf ihn. Doch wie hieß er ursprünglich?

A) Gaius Julius Caesar Octavius
B) Tiberius Julius Caesar
C) Titus Flavius Vespasianus
D) Aurelius Caesar

....

3) Kaiser Augustus ist der Namensgeber für unseren Kalendermonat ...

A) ... Juli
B) ... August
C) ... Oktober
D) ... Dezember

....

4) Wie hieß der bekannte Großonkel, der den als Gaius Octavius geborenen Jungen erzog und später adoptierte?

A) Konstantin
B) Mark Aurel
C) Julius Caesar
D) Quirinius

....

5) Der wievielte römische Kaiser der Antike war Augustus?

A) Der Dritte
B) Der Erste
C) Der Fünfte
D) Der Zweite

....

6) Wann war seine Regierungszeit?

A) 43 v. Chr. - 8 n. Chr.
B) 43 v. Chr. - 14 n. Chr.
C) 27 v. Chr. - 14 n. Chr.
D) 27 v. Chr. - 8 n. Chr.

7) Was war die zweite Amtssprache im östlichen Teil des römischen Reiches?

A) Syrisch
B) Italienisch
C) Hebräisch
D) Griechisch

B

1) Unter welchem Namen ist uns der Wegbereiter und Vorläufer von Jesus bekannt?

A) Johannes der Läufer
B) Johannes der Säufer
C) Johannes der Täufer
D) Johannes der Asket

2) Wer kündigte Maria an, dass sie als Jungfrau Jesus zur Welt bringen sollte?

A) Vater Abraham
B) Engel Gabriel
C) König David
D) Kaiser Augustus

3) Wovon ernährte sich Johannes der Täufer?

A) Von Heuschrecken und wildem Honig
B) Von Zucker und Zimt
C) Von Pita und Falafel
D) Von Fischen und Broten

4) Welche Prophezeiung aus dem alttestamentlichen Buch Jesaja wird als Hinweis auf Jesus verstanden?

A) Der leidende Gottesknecht
B) Der feiernde Menschensohn
C) Der traurige Gottessohn
D) Der mitfühlende Menschenfreund

5) Bei dem alttestamentlichen Propheten Micha findet sich ein Hinweis auf die Herkunft eines neuen Königs, der an die Tradition des davidischen Königtums anknüpfen sollte. Aus welchem Ort soll dieser Hoffnungsträger dem Propheten nach kommen?

A) Nazaret
B) Jericho
C) Betlehem
D) Jerusalem

6) Was bedeutet der Name Jesus?

A) Gott richtet auf
B) Gott liebt die Menschen
C) Gott schafft Heil
D) Gott kommt zu dir

....

7) Was bedeutet der Titel „Christus“?

A) Geschenk des Himmels
B) Erster Christ
C) Retter
D) Der Gesalbte

C

1) Wie hieß der große jüdische König zur Zeit der Geburt Jesu?

A) Herodie
B) Herodas
C) Herodes
D) Herodem

....

2) Wie hieß der Vater dieses ehrgeizigen Königs?

A) Antipater
B) Antipasto
C) Antinomos
D) Antiquar

....

3) Was brachten die Weisen aus dem Morgenland Jesus als Geschenke mit?

A) Gold, Silber, Bronze
B) Gold, Weihrauch, Myrrhe
C) Gold, Wein, Mandelblüten
D) Geld, Windeln, Spielzeug

....

4) Was ordnete Herodes der Große in Betlehem an?

A) Die Einführung des Kindergeldes
B) Eine strenge Geburtenkontrolle
C) Kitaplätze für alle Kinder ab 3 Monaten
D) Den Mord aller Kinder im Alter von 2 Jahren und jünger

5) Wie heißt die Festung, die Herodes der Große in der judäischen Wüste nahe Betlehem bauen ließ?

A) Herodias
B) Herodeion
C) Hermonion
D) Massada

6) Wie schwer waren die Steine, die Herodes bei dem ambitionierten Ausbau des Jerusalemer Tempels für den Bau der Umfassungsmauer herschaffen ließ?

A) Bis zu 10 Tonnen
B) Bis zu 50 Tonnen
C) Bis zu 100 Tonnen
D) Bis zu 1000 Tonnen

7) Mit welchen Worten soll Kaiser Augustus die Furcht des Herodes vor Hochverrat und seine Eifersucht kommentiert haben?

A) Ein Schwein lebt am Hof des Herodes sicherer als ein eigener Sohn.
B) Zum Glück ist Rom weit weg.
C) Der bringt sich irgendwann noch selber um.
D) Er sang: „Zehn kleine Herodessöhne lebten stets in Angst ...“

LUKAS 2,2

Es war die erste Volkszählung. Sie fand statt, als Quirinius in Syrien regierte.

Die von Kaiser Augustus angeordnete Volkszählung war ein großes Zahlenspiel mit dem gewünschten Ergebnis, dass am Ende auch alle richtig Steuern zahlen konnten. Es ging um die Steuer, um Geld, um Zahlen.
Bei dem folgenden Spiel könnt ihr eure Rechenfähigkeiten unter Beweis stellen. Es müssen dabei zehn Aufgaben aus dem großen 1x1 (1-20) gelöst werden.

SPIEL – Rechnen

Material:
Papier, Stifte, Rechenaufgaben, Countdown-Zähler (Handy, Eieruhr, ...)

Um Martin Luthers alte Übersetzung des Zensus als Schätzung zu würdigen, müssen alle Spieler vor dem Spiel schätzen und ansagen, wie viele der 10 Aufgaben sie richtig lösen werden.
Alle lösen die Aufgaben gleichzeitig und schreiben die Lösungen auf einen Zettel. Los geht es mit einem Startkommando. Sobald der erste Spieler alle zehn Aufgaben gelöst hat, ruft er „Stopp“. Damit ist für alle anderen das Spiel beendet.

Variante 1:
Jeder bekommt ein vorab kopiertes Blatt mit den 10 Aufgaben.

Variante 2:
Das Buch wird entsprechend positioniert, damit alle die Aufgaben gut lesen können.

Wertung: Jede richtig gelöste Aufgabe gibt einen Punkt. Stimmt die Vorhersage mit der Leistung überein, wird die Punktzahl verdoppelt.
Der Spieler mit den meisten Punkten gewinnt das Spiel und erhält einen Punkt.

R1

5 + 19 - 17
4 x 12
4 - 12 + 15
5 x 19
7 + 5 - 3
13 x 9
13 - 9 + 16
7 x 5
8 + 16 - 11
8 x 16

R2

7 + 18 + 4
9 x 17
9 + 9 + 9
14 x 6
4 - 19 + 13
12 x 7
17 - 18 + 19
10 x 20
2 + 3 + 4
3 x 18

R3

8 + 14 - 7
7 x 18
13 + 13 - 14
9 x 9
20 - 17 + 9
4 x 19
6 + 9 + 12
17 x 18
4 + 9 + 14
2 x 3

R4

6 + 13 - 18
13 x 12
5 + 5 - 9
16 x 13
11 + 11 - 12
15 x 9
13 + 12 - 11
7 x 6
3 + 19 - 15
19 x 20

LUKAS 2,3

Da machten sich alle auf, um sich in die Steuerlisten eintragen zu lassen - jeder in seine Heimatstadt.

Neben dem Zahlenspiel löste die Zählung einen unfreiwilligen „Run“ auf die „Rathäuser“ aus. Allerdings konnten nicht alle Personen die Meldung in ihrem aktuellen Wohnort tätigen. Jedes Familienoberhaupt musste dazu in seinen Heimatort reisen, wo die Familien ihren Grundbesitz hatten. Für die Erfassung lag der Heimatort somit am nächsten. Für die Betroffenen dagegen nicht immer. Josef und Maria waren mit Sicherheit nicht die Einzigen, die wegen des Zensus zu einem Besuch in der Heimatstadt gezwungen wurden. Für die meisten war das sicher nichts Schlimmes. Doch mit einer schwangeren Frau war das nicht ganz ohne, auch wenn das „Heimkommen“ in den Heimatort oder Geburtsort für alle, die es im Lauf ihres Lebens an andere Orte verschlagen hat, immer etwas Besonderes ist und bleibt.

AKTION — Heimat

Was habt ihr für Erfahrungen mit eurer Heimat gemacht?
Erzählt euch gegenseitig, was an eurem Geburtsort / eurem Heimatort aus eurer Sicht besonders bzw. einzigartig ist ...

Oder kommt mit folgenden Fragen ins Gespräch:
Was ist für euch Heimat?
Was macht für euch Heimat aus?
Wo fühlst du dich daheim?

Zum Abschluss eurer Gesprächsrunde bekommt jeder Spieler/jedes Team einen Punkt.

LUKAS 2,4

Auch Josef ging von der Stadt Nazaret in Galiläa hinauf nach Judäa. Sein Ziel war die Stadt Davids, die Betlehem heißt. Denn er stammte aus dem Königshaus und der Familie Davids.

„Zurück zu den Wurzeln" hieß es für Josef und seine Verlobte Maria. Die Strecke von Nazaret nach Betlehem betrug ca. 150 km. Heute fährt man die Strecke mit dem Auto in ungefähr zwei Stunden. In Zeiten ohne Bus, Bahn und Auto war das für Josef und Maria eine herausfordernde und anstrengende mehrtägige Reise.

Reisen dürft ihr jetzt auch.

SPIEL – Reise nach Betlehem

Material:
Musik entweder in Form eines Instruments oder als Tonträger/Audiodatei mit entsprechender Abspielmöglichkeit, Stühle

Variante 1:
Mit Stühlen wird ein Kreis oder eine Reihe gestellt – und zwar ein Stuhl weniger als Mitspieler da sind. Die Spieler stellen sich um die Stühle herum im Kreis auf. Sobald der Spielleiter Musik ertönen lässt, müssen alle reihum um die Stühle gehen. Wenn der Spielleiter die Musik unterbricht, müssen alle Spieler versuchen, sich auf einen freien Stuhl zu setzen. Wer keinen Stuhl findet, scheidet aus. Bevor nun die Musik wieder ertönt, wird ein weiterer Stuhl entfernt. Danach geht das Spiel wie beschrieben weiter. Das Spiel findet sein Finale, wenn nur noch ein Stuhl und zwei Teilnehmer übrig sind. Wer in der Finalrunde den Stuhl für sich erobern kann, gewinnt die Reise nach Betlehem.
Variante 2:
Wenn ihr als Einzelspieler spielt, setzt der älteste Spieler bei diesem Spiel aus und übernimmt die Aufgabe des Spielleiters. Wenn ihr mit Teams spielt, stellt das in Summe älteste Team einen Spieler als Spielleiter ab.
Ansonsten läuft alles wie bei Variante 1 beschrieben ab.

LUKAS 2,5

In Betlehem wollte er sich eintragen lassen zusammen mit Maria, seiner Verlobten. Maria war schwanger.

Maria war nicht zur Meldung in Betlehem verpflichtet und hätte somit die Reise nicht mit antreten müssen. Vielleicht wollte Josef Maria in der letzten Phase der Schwangerschaft nicht mehr allein lassen und sie gerade in dieser Zeit bei sich haben. Die beiden schweißte diese einmalige Schwangerschaft zusammen. Sie waren verliebt, verlobt und verbündet in einer himmlischen Mission. Die Wanderung nach Betlehem kam für sie zeitlich nicht gelegen. Für Maria wurde sie gezwungener Maßen Teil der Geburtsvorbereitung. Plötzlich ging alles ziemlich schnell ... Schnell kann es auch bei euch mit dem nächsten Spiel zugehen.

SPIEL – Verliebt, verlobt, verheiratet

Material:
Ball (für innen eher ein kleiner und weicher Ball, für draußen kann es auch ein größerer Ball sein)

Es gibt keine Unterschiede zwischen Variante 1 und 2.
Bei diesem Spiel stehen die Spieler im Kreis. Der Ball wird ohne feste Reihenfolge von einem Spieler zum anderen im Kreis herum geworfen. Wer es nicht schafft, den Ball zu fangen, ist nach dem ersten Fehler „verliebt", nach dem zweiten Fehler „verlobt", nach dem dritten Fehler „verheiratet" und nach dem vierten Fehler wird der Spieler Mutter oder Vater. Mit einem weiteren Fehler beginnt die Elternzeit und der Spieler scheidet aus.
Wer das Wurfduell der letzten beiden Spieler für sich entscheidet, gewinnt das Spiel.

LUKAS 2,6

Während sie dort waren, kam die Zeit der Geburt.

Eine Geburt ist in den meisten Fällen kein Kindergeburtstag, auch wenn sich in der Regel daraus einer ergibt. Eine Geburt ist harte körperliche Arbeit und ein anstrengender Kampf.
Auch für euch ist nun körperlicher Einsatz gefragt.

SPIEL – Armdrücken

Dazu bilden immer zwei Spieler ein Duellpaar. Diese sitzen sich an einem Tisch gegenüber. Beide stellen ihre Ellenbogen auf gleicher Höhe auf die Tischplatte und umschließen die Hand des Gegenspielers. Nach dem Startsignal versuchen sie, allein durch die Hebelkraft des Armes die Handfläche des Gegenspielers auf die Tischplatte zu drücken. Dabei darf der Ellenbogen den Kontakt zum Tisch nicht verlieren und der Oberkörper muss ruhig bleiben, es darf also nicht mit einem Teil des Körpergewichts nachgeholfen werden.

Es gibt keine Unterschiede zwischen Variante 1 und 2.
Hier ist entscheidend, ob ihr als Einzelspieler oder als Teams spielt.

Version Einzelspieler
Jeder spielt für sich in einem Turniermodus. Ihr sortiert euch nach Alter aufsteigend. Die beiden Jüngsten bilden ein Duellpaar, dann die beiden Nächstälteren usw. Habt ihr eine ungerade Gesamtspielerzahl, bekommt der jüngste Spieler ein Freilos in der Runde. Ebenso wird verfahren, wenn sich in einer weiteren Spielrunde eine ungerade Spielerzahl ergibt. Wer sein Duell gewinnt, kommt weiter und trifft in Runde zwei auf den Nächstälteren. Das geht so lang, bis zwei übrig bleiben, die das Finale untereinander austragen.

Version Teamspiel:
Ihr sortiert euch in der Gruppe nach dem Alter. Nun bilden die jüngsten Spieler der Teams Duellpaare. Ergibt sich eine ungerade Spielerzahl, bekommt das Team mit den bisher wenigsten Punkten (trifft das auf mehrere zu, das Team mit dem jüngsten Spieler) ein Freilos in der Runde. Wer sein Duell gewinnt, kommt weiter und trifft in der nächsten Runde auf den nächstälteren Gewinner eines anderen Teams aus der vorigen Runde.
Ergibt sich im weiteren Turnierverlauf eine ungerade Spielerzahl, bekommt der jüngste Spieler, der sich noch im Spiel befindet, ein Freilos in der Runde.

Das Spiel ist zu Ende, sobald nur noch Spieler eines Teams übrig sind oder es zu einem Finale mit zwei Spielern unterschiedlicher Teams gekommen ist.

LUKAS 2,7

Maria brachte ihren ersten Sohn zur Welt. Sie wickelte ihn in Windeln und legte ihn in eine Futterkrippe. Denn sie hatten in der Herberge keinen Platz gefunden.

Was muss das für ein großartiger Moment gewesen sein, als Jesus, der Retter der Welt, als neugeborenes Baby das Licht der Welt erblickte! Doch auch der Heiland der Menschen will in seinen ersten Stunden und Tagen wie ein Mensch gepflegt werden. Gott wird ganz klein und überlässt die Säuglingspflege den glücklichen Eltern Maria und Josef.
Hättet ihr auch das Zeug für die äußerliche Versorgung des kleinen Babys gehabt?
Beim Spiel „Wickeln" könnt ihr zeigen, was ihr drauf habt.

SPIEL – Wickeln

Material:

- Puppe, die mit einer Windel versehen und mit Puppenkleidern gekleidet ist
- Würfel

Es gibt keine Unterschiede zwischen Variante 1 und 2.
Die Spieler sitzen im Kreis (bei Teams gemischt) und versuchen, eine Puppe zu wickeln. Reihum würfeln die Spieler, wer eine 1 würfelt, darf zur Tat schreiten und beginnen, die Puppe zu wickeln.
Währenddessen würfeln die anderen Spieler weiter. Sobald wieder eine 1 gewürfelt wurde, wechselt die Puppe zu dem Spieler, der die 1 gewürfelt hat. Wem es gelingt, der Puppe das letzte Kleidungsstück erfolgreich anzuziehen, der gewinnt das Spiel.

LUKAS 2,8

In der Gegend von Betlehem waren Hirten draußen auf den Feldern. Sie hielten in der Nacht Wache bei ihrer Herde.

Hirte zu sein war gewiss kein Traumjob. Die Schafe versorgen, Weiden suchen und auf den Feldern auf sie aufpassen, war eine anstrengende Arbeit. Von einer 35-Stunden-Woche träumten Hirten nicht einmal nachts. Ihre Aufgabe war ein Job rund um die Uhr. Wie gut, wenn sie dabei besonders abends nicht allein waren. Sicher blieb es da nicht nur bei Männergesprächen am Feuer. Vielleicht haben sie sich auch mit einfachen Spielen die Zeit vertrieben. Kartenspiele sind bis heute bei den Männern in der Region Betlehem sehr beliebt. Auch ein Würfel dürfte in jeder Hirtentasche kein unnötiger Ballast gewesen sein ...

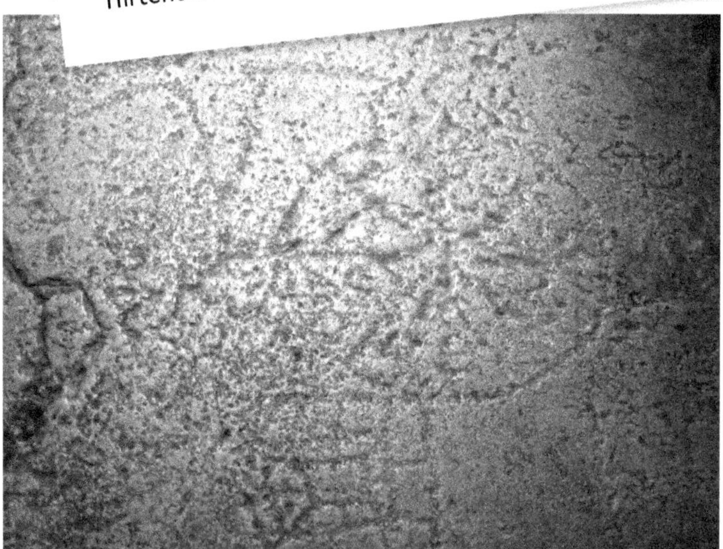

Dieses antike „Brettspiel“ wurde in Jerusalem bei Ausgrabungen entdeckt

SPIEL – Würfelspiel

Material:
- Würfel
- Papier
- Stift

Es gibt keine Unterschiede zwischen Variante 1 und 2.

Bei diesem Spiel müssen die Spieler würfeln, bis sie genau die Zahl 24 erreichen. (Beispiel: 5+6+3+2+5 = 21; wird nun eine Zahl gewürfelt die höher ist als 3, bleibt er bei 21 und muss so lange würfeln, bis er 24 glatt erreicht.)

Die Spieler würfeln reihum je 1 Mal. Wenn jeder 1 Mal gewürfelt hat, beginnt die nächste Runde und die Augenzahl wird mit der aus Runde 1 addiert.

Es gewinnt der Spieler, der es als erster schafft, glatt 24 zu erreichen und dabei die wenigsten Würfe benötigt. Gelingt dies einem Spieler, wird die aktuelle Runde zu Ende gespielt.

Sollte es noch einem verbleibenden Spieler ebenfalls gelingen, in der Runde die 24 zu erreichen, bekommt er ebenfalls einen Punkt.
Es beginnt der älteste Spieler.

LUKAS 2,9

Auf einmal trat der Engel des Herrn zu ihnen, und die Herrlichkeit des Herrn umstrahlte sie. Die Hirten erschraken und bekamen große Angst.

Beschäftigt, getrieben, routiniert im Hirtenalltag, und wie aus heiterem Himmel geht draußen auf dem grünen Rasen plötzlich das Flutlicht an. Das haut selbst harte Hirtenjungs um. So etwas hatten sie noch nie erlebt. Wahnsinn! Es wurde extrem hell um sie und dennoch ging den Hirten kein Licht auf. Zumindest noch nicht. Stattdessen Verunsicherung, Furcht und Angst. Was passiert hier? Was hat das Licht zu bedeuten?

SPIEL – Ich sehe ein Licht

Material: eine volle Streichholzschachtel

Es gibt keine Unterschiede zwischen Variante 1 und 2.
Bei diesem Spiel sitzen die Spieler im Kreis (bei Teams gemischt) und versuchen, ein brennendes Streichholz möglichst lange reihum weiter zu reichen. Der Spieler, bei dem das Feuer des Streichholzes erlischt, scheidet aus. Wer am Schluss noch übrig bleibt, gewinnt das Spiel.
Es beginnt der jüngste Spieler. Dieser nimmt ein Streichholz aus der Schachtel, entzündet es und sagt: „Ich sehe ein Licht. Ich habe ein Licht. Ich gebe ein Licht weiter." Sobald er das gesagt hat, reicht er das brennende Streichholz an seinen rechten Nachbarn weiter. Dieser wiederum sagt, sobald er das Streichholz zwischen den Fingern hält: „Ich sehe ein Licht. Ich habe ein Licht. Ich gebe ein Licht weiter." So geht es reihum weiter, bis das Streichholz ausgeht oder nicht mehr weitergegeben werden kann.
Wer das brennende Streichholz weitergibt, darf es erst loslassen, wenn der andere Spieler das Streichholz zwischen den Fingern hält. Wem das Streichholz ausgeht, der scheidet aus. Die verbliebenen Spieler beginnen eine neue Runde. Es beginnt der Spieler rechts neben dem ausgeschiedenen Spieler.

LUKAS 2,10

Der Engel sagte zu ihnen: „Habt keine Angst! Seht doch: Ich bringe euch eine Freudenbotschaft. Im ganzen Volk wird große Freude herrschen.

Der Engel jagte den Hirten den Schreck ihres Lebens ein. Obwohl er damit sicher rechnen musste, konnte er natürlich nichts dafür. Sein Auftritt war von oberster Stelle angeordnet. Deshalb ist seine erste Botschaft an die ängstlichen Männer: „Habt keine Angst! Es gibt absolut keinen Grund dazu, Angst zu haben. Alles ist in bester Ordnung. Vielmehr: Heute ist ein großer Tag. Ein herausragendes Ereignis ist geschehen."
Das soll und kann nicht erst durch das „Betlehemer Tagblatt" veröffentlicht werden. Gott selbst nimmt die Öffentlichkeitsarbeit in die Hand. Dabei spielt er diese Topmeldung nicht durch eine Pressemitteilung an die Meinungsmacher in Jerusalem ein, er lädt auch nicht zu einer Pressekonferenz. Er schickt seinen ersten Engel zu denen, die sonst gern auch mal vergessen werden.
Auch daran zeigt sich: Gott kommt in das Alltägliche und interessiert sich besonders für die Menschen an der Basis, die Arbeiter, das gemeine Volk. Damit werden aber auch menschliche Gesetzmäßigkeiten auf den Kopf gestellt.

AKTION – Damit hat wirklich keiner gerechnet ...

Bei euch wird jetzt der Spielstand auf den Kopf gestellt. Habt keine Angst! Keiner verliert etwas. Doch die Freudenbotschaft richtet sich nun an die Letzten nach dem Punktestand bis hierher. Der Spieler/das Team mit den wenigsten Punkten bekommt so viele Punkte geschenkt, dass er/es mit einem Punkt Vorsprung in Führung geht.

LUKAS 2,11

Denn heute ist in der Stadt Davids für euch der Retter geboren worden: Er ist Christus, der Herr.

Der Retter ist geboren. Damit wird eine bis dahin ganz gewöhnliche Nacht zur Nacht, die die Welt verändert. Für euch ist der Moment gekommen, in dem ihr euch etwas zurück lehnen und zuhören dürft.

IMPULS – Die Nacht, die die Welt verändert

Sagt die Großmutter in der Vorweihnachtszeit zur Enkelin: „Du darfst dir zu Weihnachten von mir ein schönes Buch wünschen!“ Die Enkelin überlegt kurz und antwortet: „Fein, dann wünsche ich mir dein Sparbuch.“
Eine ambitionierte Idee der Kleinen, denn das Sparbuch der Oma hätte möglicherweise tatsächlich das Potenzial, das Leben der Enkelin zu verändern. Schluss mit den bescheidenen Geschenken, lang gehegte Wünsche könnte sie sich plötzlich problemlos selbst erfüllen. Ein Traum.

Was wünschst du dir zu Weihnachten? Was bringt dir die Weihnachtszeit?
Bei diesen Fragen denken wir meistens an Geschenke. Für Kinder wird Weihnachten, ähnlich wie dieses Spiel, schon früh zu einem Wettbewerb. In diesen werden sie gemeinsam mit anderen Kindern ohne ihr Zutun hineingestellt. Stets werden sie begleitet von den Fragen: Wer bekommt die besseren, die größeren, die angesagteren Geschenke?
Weihnachten ist ein Fest, das durch und durch vom Materialismus geprägt ist. Selbst in wirtschaftlich angespannten Situationen erweist sich das Weihnachtsgeschäft nahezu jährlich als ein krisensicheres Geschäft. Bis zu 20% des Jahresumsatzes und mehr macht der Einzelhandel mit dem Weihnachtsgeschäft. Es gibt kein anderes Fest, das dermaßen den Materialismus feiert und ihn dazu noch religiös überhöht. Wenn es Weihnachten nicht gäbe, es müsste erfunden werden.
Weihnachten ist ein Fest, das sich christlicher Symbole, christlicher Lieder und einer christlichen Sprache bedient. Materielle Werte bekommen religiösen

Charakter. In zahlreichen Werbespots wird das alle Jahre wieder drastisch zum Ausdruck gebracht. Das Weihnachtsglück hängt an den richtigen Geschenken unterm Tannenbaum. Die Sehnsucht nach Geborgenheit und Harmonie wird durch stimmungsvolles Ambiente zu stillen versucht. Dem Wunsch nach einem guten Gewissen wird durch zahlreiche Wohltätigkeitsveranstaltungen am Ende des Jahres entsprochen.

Die Weihnachtsgeschichte gehört ebenso zur Festtagsidylle wie Tannenbaum, Festtagsschmaus und Geschenkesegen. Bei Glühwein, Punsch und Weihnachtsplätzchen lassen wir das Jahr ausklingen, werden dabei von den Lautsprechern im Hintergrund an „Last Christmas“ erinnert und im nächsten Jahr beginnt alles wieder von vorn.
All dem zum Trotz war die erste heilige Nacht eine Nacht, die die Welt veränderte. Denn die Geburt von Jesus Christus hat die Welt verändert. Das zeigt sich beispielsweise an der Zeitrechnung, die durch diese Nacht verändert wurde. Es gibt eine Zeit vor Christus und wir leben in der Zeit nach Christus. Bei der Entwicklung dieser christlichen Zeitrechnung unterliefen zwar ein paar Fehler und das Jahr der Geburt Jesu wurde etwas zu spät angesetzt, so dass Jesus nach unserer Zeitrechnung seltsamerweise einige Jahre vor Christus geboren wurde, wahrscheinlich im Jahre 6 oder 7 vor Christus. Dennoch gibt es diese Zeitrechnung, deren Wendepunkt die Geburt von Jesus Christus darstellt. Von dieser Nacht aus wird gerechnet. Es gibt ein Davor und ein Danach in der Weltgeschichte.

Doch nicht nur in ihr, auch für unser persönliches Leben gibt es so eine Zählung, ein Leben vor Christus und ein Leben mit Christus. Der Wendepunkt ist dort, wo Jesu Licht in unsere Wirklichkeit hinein kommt. Alle Dunkelheit muss weichen, wo Jesu Licht hineingelassen wird. Die Menschen, die dieses Licht aufnehmen, die Jesus Christus persönlich in ihr Leben aufnehmen, werden zu Kindern Gottes. Damit beginnt eine neue Zeitrechnung in einem Leben.
Mit Jesu Geburt hat sich vieles verändert, nicht nur die Zeitrechnung.
In Jesaja 9,5-6 (Gute Nachricht) heißt es: *„Denn ein Kind ist geboren, der künftige König ist uns geschenkt! Und das sind die Ehrennamen, die ihm gegeben werden: umsichtiger Herrscher, mächtiger Held, ewiger Vater, Friedensfürst. Seine Macht wird weit reichen und dauerhafter Frieden wird einkehren. Er wird auf dem Thron Davids regieren und seine Herrschaft wird für immer Bestand haben, weil er sich an die Rechtsordnungen Gottes hält. Der Herr, der Herrscher der Welt, hat es so beschlossen und wird es tun.“*
In Jesaja 9,5-6 (Hoffnung für alle) heißt es: *Denn uns ist ein Kind geboren! Ein Sohn ist uns geschenkt! Er wird die Herrschaft übernehmen. Man nennt ihn „Wunderbarer Ratgeber“, „Starker Gott“, „Ewiger Vater“, „Friedensfürst“. Er*

wird seine Herrschaft weit ausdehnen und dauerhaften Frieden bringen. Wie sein Vorfahre David herrscht er über das Reich, festigt und stützt es, denn er regiert bis in alle Ewigkeit mit Recht und Gerechtigkeit. Der Herr, der allmächtige Gott, sorgt dafür, er verfolgt beharrlich sein Ziel.

Gott hat sich für die Menschen eingesetzt. Damit hat die Veränderung begonnen. Er hat uns seinen Sohn gegeben! „Ein Kind ist geboren."
An Weihnachten steht ein Kind im Mittelpunkt. Seine Geburt teilt die Weltgeschichte!
Nicht in Papier und Schleife, sondern umgeben von Stallgeruch und Hirten wird dieses Kind zum ersten Weihnachtsgeschenk! Nicht, was die ersten Besucher dem Christkind brachten, sondern was Gott uns gegeben hat, wird zum ersten Weihnachtsgeschenk. Er hat uns seinen Sohn gegeben: *„Denn so sehr hat Gott diese Welt geliebt: Er hat seinen einzigen Sohn hergegeben, damit keiner verloren geht, der an ihn glaubt. Sondern damit er das ewige Leben erhält."* (Johannes 3,16).

Am Anfang stand die Frage: Was bringt dir Weihnachten?
Die Frage ist nun vielmehr: Was bringt dir das Christkind?
Es bringt Erlösung! Und diese verändert Leben. Denn wer an das Christkind, den Kind gewordenen Christus, glaubt, wird nicht verloren gehen, sondern die größte Veränderung seines Lebens erfahren. Denn sein Leben endet nicht in der Vergänglichkeit und der Verlorenheit, sondern bekommt die Zusage der ewigen Gemeinschaft mit Gott. Das verändert das Leben schon hier und heute. Denn Jesus werden wir nicht erst in der Ewigkeit sehen und bis dahin nichts von ihm sehen und hören. Dieser Jesus ist erfahrbar in wirklich allen Situationen unseres Lebens.
Er ist der wunderbare Ratgeber, wenn ich nicht weiter weiß. Er ist der starke Gott, wenn ich mit meiner Kraft am Ende bin. Er ist der ewige Vater, der bedingungslos zu mir steht. Er ist der Friedensfürst, der Versöhnung schenkt, wenn sie Menschen unmöglich ist. Auf diese Weise will er uns in unserem Leben begleiten. Wir müssen uns nicht selber abmühen, auf seiner Schulter ruht die Herrschaft, nicht auf unseren.

Tony Campolo erinnert an eine bewegende Begebenheit. Es waren die Olympische Spielen 1992 in Barcelona. Der britische Leichtathlet und damalige Rekordhalter über 400m, Derek Redmond, war ein heißer Favorit auf den Olympiasieg in seiner Paradedisziplin. Nachdem er verletzungsbedingt die Olympischen Spiele 1988 verpasst hatte, lagen weitere vier Jahre harten Trainings mit seinem Vater hinter ihm, der gleichzeitig sein Trainer war. Den Vorlauf und die zweite Runde hatte er klar gewonnen. Im Halbfinale über die 400 Meter lag

er nach 200 Metern super im Rennen, als er plötzlich von einem Muskelfaserriss in der hinteren Oberschenkelmuskulatur in die Knie gezwungen wurde. Er fiel sofort zurück, das Rennen war gelaufen und mit ihm die Chance auf den Olympiasieg. Doch Redmond gab nicht auf. Auf einem Bein hüpfte er unter quälenden Schmerzen in die zweite Bahnkurve. Das Publikum feuerte den verletzten Läufer begeistert an. Aber die Verletzung war so schwerwiegend, dass nicht abzusehen war, dass er es selbst ins Ziel schaffen würde. Da rannte ein Mann mittleren Alters auf die Bahn, stützte ihn und half ihm, die restliche Strecke bis ins Ziel zu gehen. Es war sein Vater! Der humpelnde Sohn hängte mit schmerzverzerrtem und niedergeschlagenem Gesicht seinen Arm um den Hals seines Vaters und lehnte seinen Kopf an dessen Schulter an. So ging das Duo von Standing Ovations der Zuschauer im Stadion begleitetet ins Ziel.
Nach dem Rennen sagte Redmond in die Kameras: „Er war der Einzige, der mir in diesem Augenblick helfen konnte, weil er wusste, was ich alles durchgemacht hatte."
Der Moment, in dem sein Vater ihm zur Hilfe eilte und sich gegen Streckenposten durchsetzte, die ihn zurückhalten wollten, wurde für Derek Redmond zu einer einschneidenden Erfahrung.

Für mich ist dieses Ereignis ein tolles Bild für die Menschwerdung Gottes. In Jesus kommt Gott auf unsere Lebensbahn, um uns in unserem Lauf des Lebens zu stützen und ins Ziel zu führen. Es ist der Moment, in dem sich unser Schicksal wendet. Jesus ist der Einzige, der das kann, weil nur er wirklich weiß, was wir durchgemacht haben und was noch vor uns liegt.
Tolle Geschenke, leckeres Essen und gute Gemeinschaft tragen zu einem romantischen Weihnachtserlebnis bei. Unser Leben nachhaltig verändern können diese Dinge allerdings nicht.
Wenn wir das Kind in der Krippe nicht nur mit romantischen Gefühlen betrachten, sondern in ihm den Retter der Welt erkennen, wird Weihnachten unser Leben verändern. Dann werden wir nicht halbherzig durchs Leben gehen und lediglich ein christlich sozialisiertes Leben führen. Dann erfüllt uns die wahre Weihnachtsfreude.

Mit der Geburt Jesu hat uns Gott gezeigt, wie er ist, und das tut er bis heute.
Diese Nacht hat die Welt verändert.
Wird sie auch deine Welt verändern?

Ein seltener Anblick: Betlehem in weiß

LUKAS 2,12

Und dies ist das Zeichen, an dem ihr das alles erkennt: Ihr werdet ein neugeborenes Kind finden. Es ist in Windeln gewickelt und liegt in einer Futterkrippe.“

Maria und Josef hatten weder ein Reisebett noch irgendein anderes Bettchen, in das sie ihr Baby hätten legen können. Der Retter der Welt wird auch nicht auf dem Balkon eines Palastes der Öffentlichkeit gezeigt. Er präsentiert sich in seinen ersten Stunden in Windeln eingepackt in einer Futterkrippe.

Doch wo befand sich diese Futterkrippe?

Wenn man sein Elternhaus schon eine gewisse Zeit verlassen hat, steht einem dort oft dauerhaft kein Bett oder gar kein Zimmer mehr zur Verfügung. Das ist bis heute bei vielen Familien der Fall und war auch damals nicht anders. Schon gar nicht, wenn sich mehrere Familienmitglieder oder Teile der Großfamilie zu einem wichtigen Ereignis zur selben Zeit einfanden. So kann es auch bei Josef und seiner Ursprungsfamilie gewesen sein.

Ein-Raum-Haus auf dem Gelände des biblischen Rundwanderwegs in Waldachtal-Tumlingen.

Lukas trifft jedenfalls keine Schuld, dass alle Jahre wieder mindestens einer beim Krippenspiel den harten Wirt spielen muss, der dem armen schwangeren Pärchen die Tür vor der Nase zuschlägt und es in die Obdachlosigkeit treibt. Diese Version der Geschichte hat sich erst irgendwann im Laufe der Zeit festgesetzt.

Die einfachen Häuser zur Zeit Jesu bestanden aus einem Raum. Die Tiere waren mit im Haus. Im hinteren Teil war etwas erhöht der Wohnraum der Menschen, im vorderen Teil der Stall. Wenn das Haus voll war, wurde der Stall einfach mitgenutzt. Und Jesus wird kurzerhand in die Krippe gelegt.

Das Kind in der Krippe: Mit diesem oft verklärten Bild sind wir vertraut und doch finde ich es ungeheuerlich. Der Höchste ist zu finden am tiefsten Punkt; in einem Stall, neben dem Mist in einem Futtertrog. Gleichzeitig ist genau das total ermutigend. Denn der große Gott interessiert sich auch für meine Kleinigkeiten. Jesus gibt sich von Anfang an ganz hinein in die Zwänge und Grenzen der Menschen.

Ein-Raum-Haus auf dem Gelände des biblischen Rundwanderwegs in Waldachtal-Tumlingen.

SPIEL – Raumaufteilung

Bei diesem Spiel müsst ihr versuchen, den vorhandenen Raum möglichst gut aufzuteilen.
Es gibt keine Unterschiede zwischen Variante 1 und 2.
Das Haus besteht aus 8 x 8 bzw. 10 x 10 Quadraten. Ziel ist es, eine möglichst große zusammenhängende Fläche in dem Haus zu bilden. Dazu würfeln die Spieler / Teams reihum. Es beginnt der bis dahin Führende. Die Augenzahl des Würfels gibt an, wie viele Quadrate ihr für euch beanspruchen dürft. Die Umsetzung einer gewürfelten Zahl muss in sich zusammenhängend sein, kann aber an einer beliebigen Stelle im Haus platziert werden. Zusammenhängende Flächen ergeben sich nur über Quadrate, die seitlich aneinander anschließen (nicht diagonal). Nachdem die entsprechenden Quadrate gekennzeichnet wurden, ist der Nächste an der Reihe.
Wenn gegen Ende nicht mehr genügend freie Felder vorhanden sind, können übrige Würfelaugen verfallen oder auf einer anderen freien Fläche platziert werden. Ist jedoch eine ausreichend große Fläche vorhanden, nur dem jeweiligen Spieler nicht gelegen, muss diese trotzdem belegt werden.
Wer am Ende über die Fläche mit den meisten zusammenhängenden Quadraten verfügt, gewinnt das Spiel.

Bei 2-4 Spielern oder Teams spielt ihr mit einer Hausgröße von 8 x 8 Quadraten.
Bei 5-6 Spielern oder Teams spielt ihr mit einer Hausgröße von 10 x 10 Quadraten.

Material:
- Würfel
- Haus mit 64 oder 100 Quadraten
  (Vorlage von S. 38 oder auf Karopapier 8 x 8 bzw. 10 x 10 einzeichnen)
- Stifte in verschiedenen Farben entsprechend der Anzahl der Spieler/Teams

Vorlage Haus

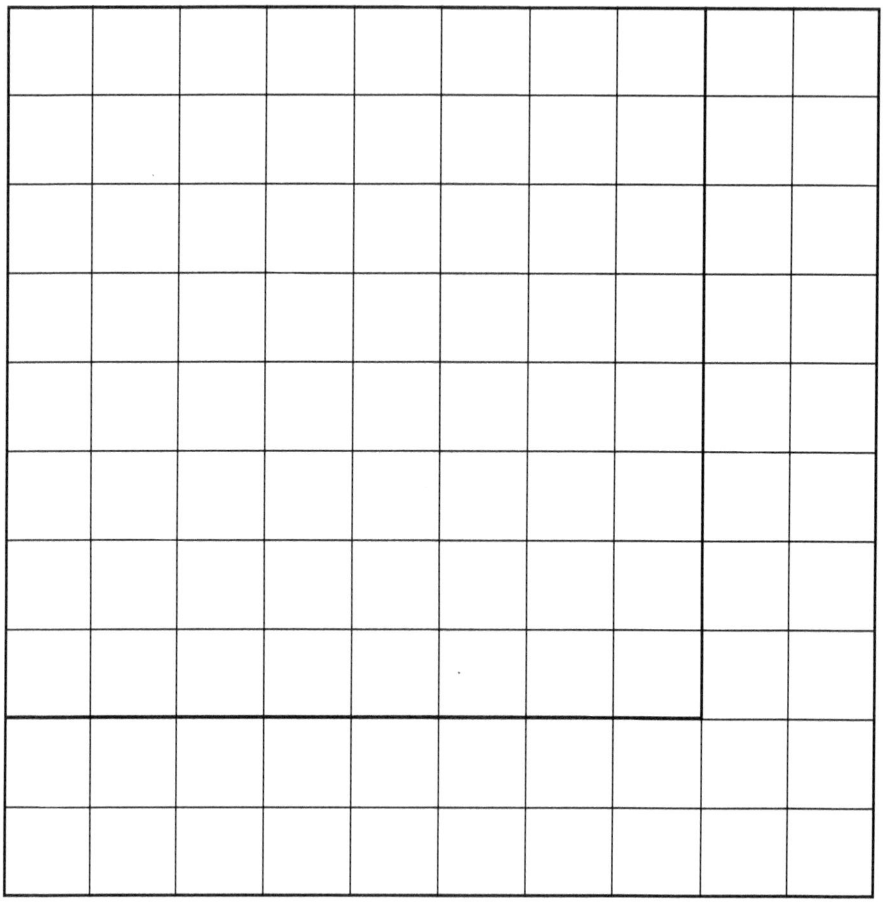

LUKAS 2,13

Plötzlich war der Engel umgeben vom ganzen himmlischen Heer der Engel. Die lobten Gott und riefen:

Eine imposante Kulisse tut sich auf. Ein großer Engelschor stimmt eigens für die Hirten ein Loblied an. Es war die Premiere eines himmlischen Lobgesangs bei einem Open Air mitten in der Pampa rund um Betlehem.
Beim folgenden Spiel müsst ihr nicht singen. Es geht darum, Lieder zu erraten.

SPIEL – Lieder raten

Bei diesem Spiel müssen Liedtitel von Advents- und Weihnachtsliedern anhand kurzer Textpassagen erraten werden.

Variante 1 mit Spielleiter:
Der Spielleiter liest nach und nach einzelne Passagen aus Versen des gesuchten Lieds vor. Zwischen den einzelnen Textstücken lässt er kurze Pausen. Wer das Lied zuerst richtig errät, bekommt einen Punkt.
Wer nach sieben Fragen die meisten Punkte oder zuerst drei Punkte hat, gewinnt das Spiel.

Variante 2 ohne Spielleiter:
Jeder Spieler / jedes Team löst alle sieben Fragen und schreibt die Antworten auf einen Zettel. Wenn der erste Spieler / das erste Team alle Fragen gelöst hat, ruft er / es „Stopp“. Nun müssen auch die anderen Spieler / Teams aufhören. Wer die meisten Punkte hat, gewinnt das Spiel. Bei Gleichstand bekommt jeder einen Punkt.

Fragen

A

1. Wie heißt das Lied, aus dem folgende Textstücke stammen?

Kommt, singet dem Herren, singt, ihr Engelchöre
Gott, wahrer Gott von Ewigkeit geboren
Verschmähst nicht zu ruhn in Marien Schoß
Du König der Ehren, Herrscher der Heerscharen
Sehet das Kindlein, uns zum Heil geboren

2. Wie heißt das Lied, aus dem folgende Textstücke stammen?

Hirten, warum wird gesungen?
Dankbar singen sie heut alle
Welch ein Sieg ward denn errungen
Und die Berge hallen wider von des Himmels Lobgesang
Gloria, in excelsis Deo

3. Wie heißt das Lied, aus dem folgende Textstücke stammen?

Das Ende wird zum Anfang
Gott will auch dir begegnen
Sein Licht wird dich erfüllen
Gottes Licht ist zu uns durchgedrungen
Gott ist da

4. Wie heißt das Lied, aus dem folgende Textstücke stammen?

Hört nur, wie lieblich es schallt
In den Herzen wird's warm
Weihnachtlich glänzet der Wald
Sorge des Lebens verhallt
still und starr ruht der See

5. Wie heißt das Lied, aus dem folgende Textstücke stammen?

Kehrt mit seinem Segen
Wo wir Menschen sind
Geht auf allen Wegen mit uns ein und aus
Ist auch mir zur Seite, still und unerkannt
Auf die Erde nieder

6. Wie heißt das Lied, aus dem folgende Textstücke stammen?

Welch ein Jubel, welch ein Leben
Heißa, dann ist Weihnachtstag
Wie wird dann die Stube glänzen
Einmal werden wir noch wach
Morgen werden wir uns freun

7. Wie heißt das Lied, aus dem folgende Textstücke stammen?

Erhebet die Hände und danket wie sie
Du liebes, du göttliches Kind
Seht, was in dieser hochheiligen Nacht
Bei des Lichtleins hellglänzendem Strahl
Wir geben sie gerne mit fröhlichem Sinn

B

1. Wie heißt das Lied, aus dem folgende Textstücke stammen?

Euch ist ein Kindlein heut geborn
Es ist der Herr Christ, unser Gott
Ich bring euch gute neue Mär
Ein Kindelein so zart und fein
Er will eu´r Heiland selber sein

2. Wie heißt das Lied, aus dem folgende Textstücke stammen?

Welt ging verloren
Christ ist erschienen
Gnadenbringende Weihnachtszeit
Freue dich, o Christenheit
Himmlische Heere jauchzen dir Ehre

3. Wie heißt das Lied, aus dem folgende Textstücke stammen?

Kommt und hört den Freudenton
Er schenkt uns das Leben
Seine Gnade trägt uns durch die Zeit
Gott ließ uns nicht laufen
Einfluss, Macht und Geld.

4. Wie heißt das Lied, aus dem folgende Textstücke stammen?

Gott sei Lob, Ehr und Preis
Und nimmt an eines Knechts Gestalt
In einem Krippelein
Das herze Jesulein
Der Schöpfer aller Ding

5. Wie heißt das Lied, aus dem folgende Textstücke stammen?

Holder Knabe im lockigen Haar
Tönt es laut von fern und nah
Schlaf in himmlischer Ruh
Hirten erst kundgemacht
Alles schläft, einsam wacht

6. Wie heißt das Lied, aus dem folgende Textstücke stammen?

Segnet den Vater, die Mutter, das Kind
Wie sie gesungen in seliger Nacht
Alle dann jauchzen mit frohem Gesang
Grad als ob Engelein singen
Klingen die Erde entlang

7. Wie heißt das Lied, aus dem folgende Textstücke stammen?

Die Hoffnung und Beständigkeit
Wie oft hat nicht zur Weihnachtszeit
Gibt Trost und Kraft zu jeder Zeit
Nein, auch im Winter, wenn es schneit
wie treu sind deine Blätter

C

1. Wie heißt das Lied, aus dem folgende Textstücke stammen?

Die Zweiglein der Gottseligkeit
Sein Zepter ist Barmherzigkeit
Wohl allen Herzen insgemein
Gelobet sei mein Gott
Mein Heiland groß von Tat

2. Wie heißt das Lied, aus dem folgende Textstücke stammen?

Weihnachtston, Weihnachtsbaum,
Licht auf dunklem Wege
Denn es kommt das Heil der Welt
Weihnachtsduft in jedem Raum
Von des Vaters Thron

3. Wie heißt das Lied, aus dem folgende Textstücke stammen?

Wie uns die Alten sungen
Hat sie ein Kind geboren
Wahr' Mensch und wahrer Gott
Mitten im kalten Winter
Rettet von Sünd und Tod

4. Wie heißt das Lied, aus dem folgende Textstücke stammen?

Ich komme, bring und schenke dir
Da ich noch nicht geboren war
So lass mich doch dein Kripplein sein
Nimm hin, es ist mein Geist und Sinn
Ich sehe dich mit Freuden an und kann mich nicht satt sehen

5. Wie heißt das Lied, aus dem folgende Textstücke stammen?

Puppen, Pferdchen, Sang und Spiel
Ja, o welch ein Glücksgefühl
Und auch sonst der Freude viel
Könnt´ ich alle haben
Kommt mit seinen Gaben

6. Wie heißt das Lied, aus dem folgende Textstücke stammen?

Du hast uns hergeführt, wir danken dir
Nun bleibst du stehn
Das da geschehen, was niemand gedacht
Zeig uns den Weg, führ uns zur Krippe hin
Leuchte du uns voran, bis wir dort sind

7. Wie heißt das Lied, aus dem folgende Textstücke stammen?

Hell erglüh´n die Kerzen
Sollt euch dran erlaben
Ist so kalt der Winter
Mädchen hört und Bübchen
Bring euch viele Gaben

LUKAS 2,14

„Gottes Herrlichkeit erfüllt die Himmelshöhe! Und sein Friede kommt auf die Erde zu den Menschen, denen er sich in Liebe zuwendet!"

Wir sehnen uns nach Frieden in dieser Welt, in unseren Beziehungen und letztlich in unseren Herzen. Denn wir merken, auch in ihnen ist es so oft friedlos.
Da hinein lässt Gott den Engel sagen: „Gottes Frieden ist vom Himmel zu euch auf die Erde heruntergekommen!" Es ist die Botschaft, dass Gott gerade in die verfahrenen Situationen kommt und dort hinein seinen Frieden schenkt.
Spiele sind begeisternd und faszinierend. Doch es gibt Momente im Leben, da müssen Spiele und Wettbewerbe in den Hintergrund treten.
Frieden kann man nicht spielen. Frieden muss man leben.
Der Friede, um den es hier geht, ist ein Geschenk. Dieser Friede wird uns zugesprochen. Mit Jesu Geburt ist dieser Friede Realität geworden. Durch Jesus hat Gott selbst gehandelt und die Menschen mit sich selbst versöhnt.
Die Hirten ließen sich auf diese Friedensbotschaft ein.
Sie haben die Begegnung mit Jesus gesucht. Dabei wurde Jesus für sie die Entdeckung ihres Lebens.
Die Hirten gingen als Beschenkte zurück. Bei ihnen ist Friede geworden.

AKTION – Friedenszusage

Sprecht euch einander diesen Frieden zu: „Gott schenkt dir, ... (Name), seinen Frieden!"
Frieden ist eines der wertvollsten Dinge im Leben. Deshalb erhält nun jeder Spieler/jedes Team einen Punkt.

LUKAS 2,15

Die Engel verließen die Hirten und kehrten in den Himmel zurück. Da sagten die Hirten zueinander: „Kommt, wir gehen nach Betlehem und sehen uns die Geschichte an, die uns der Herr gerade erklärt hat!“

Die Hirten erfuhren vor allen anderen Menschen von der Geburt Jesu. Doch der Bericht der Engel war den Hirten nicht genug. Sie wollten genau wissen, was sich Großes ereignet hatte. Was war dran an dem, was die Engel sagten? Die Hirten machten sich auf den Weg. Sie wollten es genau wissen. Sie wollten dieses heilsgeschichtliche Ereignis mit eigenen Augen sehen.
Dem Engel konnten die Hirten Glauben schenken und dennoch wollten sie sich selbst überzeugen. Das ist grundsätzlich nie verkehrt, denn nicht alle Behauptungen, denen wir so begegnen, sind auch richtig.

SPIEL – Richtig oder Falsch?

Bei diesem Quizspiel werden Behauptungen aufgestellt. Die Frage ist nur, ob sie auch wahr sind.

Variante 1 mit Spielleiter:
Der Spielleiter liest eine Behauptung vor. Wer meint, es zu wissen, ruft laut „Richtig“ oder „Falsch“. Ist die Wortmeldung korrekt, bekommt der Spieler einen Punkt. Wer nach sieben Behauptungen die meisten Punkte oder zuerst drei Punkte hat, gewinnt das Spiel.

Variante 2 ohne Spielleiter:
Jeder Spieler / jedes Team prüft alle sieben Behauptungen und schreibt die Antworten auf einen Zettel. Wenn der erste Spieler / das erste Team alle Behauptungen geprüft hat, ruft er / es „Stopp“. Nun müssen auch die anderen Spieler / Teams aufhören. Wer die meisten Punkte hat, gewinnt das Spiel. Bei Gleichstand bekommt jeder einen Punkt.

Fragen

A

1) Franz von Assisi führte im 13. Jahrhundert das kirchliche Krippenspiel ein.

2) Lukas berichtet in seiner Weihnachtserzählung, dass Maria und Josef mit einem Esel von Nazaret nach Betlehem reisten.

3) Am ersten Weihnachtstag wird im Fernsehen die traditionelle Weihnachtsansprache des deutschen Bundeskanzlers ausgestrahlt.

4) Ebenfalls am ersten Weihnachtstag versammeln sich Zehntausende auf dem Petersplatz in Rom, um vom Papst den Segen „Urbi et Orbi" zu empfangen.

5) Das Lied „Stille Nacht, Heilige Nacht" wurde an Heiligabend 1818 in einer kleinen Kirche bei Salzburg uraufgeführt und später in über 300 Sprachen übersetzt.

6) Josef nahm Maria mit nach Betlehem, um sie dort seinen Verwandten vorzustellen.

7) Neben Lukas berichtet noch der Evangelist Markus von Jesu Geburt.

B

1) Der Vater von Marias Mann Josef hieß Jakob.

2) Der Zensus wurde alle zehn Jahre durchgeführt.

3) Simeon bekam von einem Engel die Nachricht, dass er Jesus im Tempel treffen könnte.

4) Als Herodes von der Geburt eines Königs hörte, erschrak er als Einziger und trommelte sofort alle Gelehrten zu einer Krisensitzung zusammen.

5) Die Weisen aus dem Morgenland fielen vor Jesus nieder und schenkten ihm Gold, Weihrauch und Myrrhe.

6) Josef bekam nicht durch einen Ultraschall, sondern von einem Engel gesagt, dass Maria einen Sohn zur Welt bringen wird und sie ihn Jesus nennen sollen.

7) Herodes freute sich, dass er von den Weisen nichts mehr hörte, da er dies als ein gutes Zeichen für sein Königtum interpretierte.

C

1) Das bekannte Weihnachtslied „Last Christmas" der Gruppe „Wham!" wurde erstmals im Dezember 1984 veröffentlicht.

2) Trotz seiner ungebrochenen Beliebtheit schaffte es das Lied nie in die Top Ten der Deutschen Singlecharts.

3) Die Adventszeit beginnt mit dem ersten Weihnachtsmarkt und endet an Heiligabend.

4) Advent kommt von dem lateinischen „Adventus Domini", das „Ankunft des Herrn" bedeutet.

5) Mit seinem Weihnachtslied „Ihr Kinderlein, kommet" ist Paul Gerhardt ein Lied gelungen, das bis heute alle Jahre wieder gerne gesungen wird.

6) Johann Hinrich Wichern gilt als der Erfinder des Adventskranzes.

7) In dem beliebten Lied „Jingle Bells" gibt es keinen Bezug zu Weihnachten.

LUKAS 2,16

Die Hirten liefen hin, so schnell sie konnten. Sie fanden Maria und Josef und das neugeborene Kind, das in der Futterkrippe lag.

Der Auftritt der Engel war für die Hirten eine unglaubliche Begegnung mit einer Botschaft, die sie in Bewegung setzte. Die Hirten hielt nichts mehr auf ihren Feldern. Statt chillen und pennen am Lagerfeuer machten sie nun eine Nachtwanderung. In Betlehem fanden sie, wie angekündigt, was sie suchten.
Werdet ihr auch fündig?
Am Ende ihrer Suche stand eine umwerfende Entdeckung.

SPIEL – Wörter gesucht

Material:
- Buchstabenreihen
- Countdown-Zähler (Handy, Eieruhr,...)

Auch ihr könnt etwas entdecken. In den folgenden Buchstabenreihen sind Wörter enthalten, die in die Weihnachtsgeschichte passen. Wer findet aus den fünf Gebilden innerhalb von 2 Minuten die meisten Wörter?

Variante 1:
Jeder bekommt ein vorab kopiertes Blatt mit den fünf Wörtern.

Variante 2:
Das Buch wird entsprechen positioniert, damit alle die Aufgaben gut lesen können.

A

1. Welche Person versteckt sich hier?
SAUGERUKUSISTA

2. Welcher Ort ist hier gesucht?
HATSATTDEIM

3. Ein sehr bekannter Gegenstand aus der Weihnachtsgeschichte
PETERKURPFIT

4. Auf wem liegen hier die Hoffnungen?
REGENBROSTERE

5. Sie hat jeder gerne
EFRATIEGE

B

1. Eine himmlische Truppe
SEELENHERG

2. Welcher Ort ist hier versteckt?
TELEBEHM

3. Eine einmalige Person
NESCHSOMHENN

4. Ausdruck der Freude
GLOBANSEG

5. Ein besonderes Erlebnis
SCHUNNGEIER

C

1. Ein befreiendes Ereignis
TREGUNT

2. Um welches Zeichen handelt es sich hier?
RIVEDSTAND

3. Da steckt Großes dahinter
BEERFAUDTFONTSCH

4. Welcher romantische Ort ist hier gesucht?
SELTERLEUFE

5. Was wird hier gefeiert?
HIFTANESCHWEST

D

1. Welcher Ort versteckt sich hier?
REZATAN

2. Eine spezielle Zeit
TECHNOTWEB

3. Welcher Gegenstand ist hier verborgen?
WENNLID

4. Eine tierische Gesellschaft
RESCHEFAHD

5. Womit wurde hier improvisiert?
RENNTFONTUKUT

LUKAS 2,17

Als sie das sahen, erzählten sie, was ihnen der Engel über dieses Kind gesagt hatte.

Bis dahin mögen sich die Hirten wie im Traum gefühlt haben. Doch nun zeigt sich, dass alles, was ihnen der Engel gesagt hatte, zutrifft. Das können sie nicht für sich behalten.

SPIEL – Berichten

In diesem Spiel geht es darum, anderen vom Weihnachtsgeschehen zu erzählen. Jeder Spieler/jedes Team bekommt drei Begriffe über die er/es nacheinander berichten soll.

Für jeden Begriff stehen euch maximal 60 Sekunden zur Verfügung. Unter jedem Begriff stehen fünf Wörter, die in den Berichten vorkommen sollten. Für jedes aufgeführte Wort, das in einem Bericht erwähnt wird, bekommt der Erzähler einen Punkt.
Während dem Bericht versuchen die anderen Spieler/Teams, den Begriff, über den berichtet wird, zu erraten. Sobald der Begriff erraten wurde, darf nicht mehr weiter berichtet werden. Wer den Begriff zuerst richtig genannt hat, erhält einen Punkt.
Nachdem alle Spieler/Teams je drei Begriffe erklärt haben, werden die Punkte, die jeweils durch das Berichten und Raten erspielt wurden, zusammengezählt. Der Spieler/das Team mit der höchsten Punktzahl erhält einen Punkt für das gewonnene Spiel.
Es beginnt der Spieler/das Team, der/das bis dahin führt, mit den ersten drei Begriffen, dann folgt der nächste Spieler/das nächste Team.

Variante 1:
Der Spielleiter überprüft die zu nennenden Wörter bzw. vergibt die entsprechenden Punkte.

Variante 2:
Wenn ihr als Einzelspieler spielt, setzt immer der rechte Nachbar des aktuell berichtenden Spielers aus und übernimmt die Aufgabe des Spielleiters wie bei Version 1.
Wenn ihr mit Teams spielt, stellt jedes Team einmal den Spielleiter wie bei der Einzelspielerversion.

Material:
- Countdown-Zähler
- Begriffe (idealerweise rauskopiert und zu kleinen Kärtchen geschnitten)

A

1. KAISER
Herrschaft
Römisches Reich
Caesar
Augustus
Pontifex Maximus (Oberpriester)

2. STEUER
Einnahmequelle des Staates
bezahlen
Abgabe
Gemeinwesen
Pflicht

3. BETLEHEM
Stadt Davids
Jerusalem
Brot
Klein
groß

B

1. MARIA
Junge Frau
Josef
Verlobt
Überraschung
Mutter Jesu

2. STADT
Verwaltungseinheit
Ort
Gemeinde
Einwohner
Urbanisierung

3. WINDELN
Schutz
Wärme
Geruch
Sicherheit
Waschen

C

1. SCHWANGERSCHAFT
9 Monate
Geburtsvorbereitung
Übelkeit
Veränderung
Freude

2. HEIMATSTADT
Herkunft
Kindheit
Eltern
Erinnerung
Gefühle

3. DAVID
König
Vorfahre Jesu
Hirte
Psalmen
Saul

D

1. HERBERGE
Haus
Bett
Essen
Stall
Raum

2. BABY
Wunder
Geschenk
Schreien
Mutter
Versorgung

3. ENGEL
Himmel
Bote
Gott
Ehrfurcht
Schutz

E

1. FUTTERKRIPPE
Stall
Tiere
Nahrung
Babybett
Stroh

2. HIRTE
Schafe
Felder
Einsamkeit
Natur
Nacht

3. RETTER DER WELT
Sünde
Vergebung
Jesus Christus
Befreiung
Neues Leben

F

1. ANGST
Furcht
Unsicherheit
wichtig
Hirten
Engel

2. FREUDENBOTSCHAFT
Geschenk
überwältigt
Nachricht
Menschen
Engel

3. FRIEDEN
Krieg
Streit
Arbeit
Bereitschaft
Geschenk

LUKAS 2,18

Alle, die es hörten, staunten über das, was ihnen die Hirten berichteten.

Während des ersten Heiligen Abends gab es keine Kameraleute und Übertragungswagen, die das Ereignis für Millionen Zuschauer einfingen und live in sämtliche Regionen der Erde sendeten. Diese Nacht war ein einmaliges und exklusives Erlebnis für einige auserwählte Menschen. Zu gerne wäre ich auch dabei gewesen. Wie überwältigend müssen diese Momente gewesen sein. Da stehen sie nun und bekommen den Mund nicht mehr zu, weil ihnen die Kinnlade so weit runter geklappt ist. Staunend stehen sie da, sofern sie noch nicht auf die Knie gefallen sind, vor dem Jesuskind. Sie ahnen etwas von der Größe und der göttlichen Mission dieses Babys. Himmlische Augenblicke.

SPIEL – Streichholzturm

Bei diesem Spiel geht es darum, möglichst viele Streichhölzer auf einem Teelicht zu stapeln.
Es gibt keine Unterschiede zwischen Variante 1 und 2.
Jeder Spieler erhält zwischen 4 und 10 Streichhölzer, je nach gewünschtem Schwierigkeitsgrad und Anzahl der Spieler. Das Teelicht wird in die Mitte einer Tortenplatte oder eines großen Tellers gesetzt. Nun legt der jüngste Spieler ein Streichholz auf dem Teelicht ab. Dann geht es reihum weiter. Eine Lage des Streichholzturms darf nur aus maximal zwei Streichhölzern bestehen. Liegen bereits zwei Streichhölzer nebeneinander, muss das nächste oben drauf gelegt werden.
Fällt einem Spieler ein Streichholz runter oder stürzt der Turm ganz oder teilweise ein, scheidet der betreffende Spieler aus. Ein Spieler ist so lange für mögliche Schäden an dem Bauwerk verantwortlich, bis der nächste Spieler beginnt, sein Streichholz abzulegen.

Ist der Turm ganz oder teilweise eingestürzt, spielen die verbliebenen Spieler so lange weiter, bis nur noch ein Spieler oder nur noch Spieler eines Teams übrig oder alle Streichhölzer verbaut sind. Der letzte verbliebene Spieler/das verbliebene Team bekommt einen Punkt bzw. alle fehlerfrei gebliebenen Spieler/Teams.
Schafft ihr es, alle Streichhölzer zu verbauen, könnt ihr den Raum verdunkeln und das Teelicht anzünden. Dieses seltene Kunstwerk lässt euch sicher auch staunen ... (Löschwasser bereithalten)

Material:
- 1 Teelicht
- 2 Schachteln Streichhölzer
- Eine Tortenplatte aus Edelstahl oder Porzellan oder ein großer flacher Teller
- ggf. Löschwasser

LUKAS 2,19

Aber Maria prägte sich alle ihre Worte gut ein und dachte viel darüber nach.

Es gibt Momente im Leben, die kann man nicht in Bild und Ton festhalten. Individuelle Glücksgefühle, persönliche Erfolge, gemeinsame Erlebnisse. Dazu gehört auch das, was die Geburt eines Babys auslöst, vor allem die Geburt dieses göttlichen kleinen Jungen. Maria tat das Beste, das sie tun konnte: Sie bewahrte alles in ihrem Herzen. Sie war vorbereitet auf das, was kommt, so gut es eben möglich war. Denn wie kann man sich schon angemessen auf die Geburt des Retters der Welt vorbereiten? Doch sie war innerlich so vorbereitet, dass sie innehalten und diesen heiligen Moment in ihrem Innersten abspeichern konnte. Sie trug all das Erlebte von nun an ganz bewusst mit sich. Das hat ihr mit Sicherheit auch in der Erziehung und Begleitung des heranwachsenden Jesus geholfen. Die Fähigkeit, herausragende Erlebnisse und geistliche Erfahrungen in unserem Herzen zu bewahren, wird sich im Laufe unseres Lebens als ein großer Schatz erweisen. Nicht alles können wir festhalten, darum wird es auch in dem nächsten Spiel gehen.

AKTION – Bewahren oder Zocken

Wir sind am Ende des Spiels angelangt und euch stellt sich nun die Frage: Bewahrt ihr den erreichten Spielstand oder zockt ihr und wahrt die Chance, auch mit wenigen erspielten Punkten das Spiel als Sieger zu beenden. Selbst für den bisher Führenden keine leichte Frage, denn katapultieren die anderen ihren Spielstand nach oben, war´s das möglicherweise mit dem Gewinnen ...

So geht´s:
Entscheidet ihr euch für das Bewahren, ändert sich an eurem Punktestand nichts.
Entscheidet ihr euch für´s Zocken, dann braucht ihr einen Würfel.

Jeder Zocker hat einen Wurf:
Die ungeraden Zahlen multiplizieren den bisherigen Punktestand, die geraden Zahlen dividieren den bisherigen Punktestand.
Der Spieler/das Team mit dem nach diesem Einzelspiel höchsten Punktestand gewinnt das Gesamtspiel.

LUKAS 2,20

Die Hirten kehrten wieder zurück. Sie priesen und lobten Gott für das, was sie gehört und gesehen hatten. Es war alles genau so, wie es ihnen der Engel gesagt hatte.

Das hört sich fast unglaublich an. Da erleben sie gerade die größte Stunde ihres Lebens und was machen sie? Sie gehen wieder zurück an die Arbeit. Das ist eine Arbeitsmoral, wie sie sich jeder Arbeitgeber nur wünscht. Das Entscheidende ist jedoch: Sie gehen nicht wie sie gekommen sind. Sie sind erfüllt von dem Erlebten. Sie danken und loben Gott. Ihnen gehen Herz und Mund auf. Das veränderte ihr Leben und ihren Alltag. So geht man gerne seinen Verpflichtungen nach. Sie bringen die Weihnachtsfreude mit auf die Hirtenfelder und zu den ihnen anvertrauten Tieren. Diese werden auch gemerkt haben, dass sich die Welt verändert hatte

Mein Wunsch ist, dass euch dieses Weihnachtsspiel neben hoffentlich einigem Spaß das eine oder andere neue Erlebnis mit der Weihnachtsgeschichte geschenkt hat. Vielleicht hat euch etwas ganz neu begeistert und ihr habt nun selbst den Wunsch, Gott zu danken und einige Weihnachtslieder der Freude zu singen.

AKTION – Weihnachtslieder singen

Macht es wie die Hirten und preist und lobt Gott für das Wunder von Betlehem.

BETLEHEM –
EINE KLEINE STADT KOMMT GROSS RAUS

Blick auf Betlehem aus Osten, vom Herodeion aus

Sonnenaufgang über Betlehem

Von Jerusalem nach Betlehem – Blick auf die Mauer

Betlehem, südlich von Jerusalem gelegen, ist auch heute noch orientalisch geprägt. Die ca. 30.000 Einwohner zählende Stadt geht ohne wahrnehmbare Grenzen in die benachbarten Ortschaften Beit Sahour und Beit Jala über und erstreckt sich über zwei hügelige Plateaus. Betlehem liegt etwa 750 Meter über dem Meeresspiegel und ist umgeben von Bergen, die sich nach Osten in die judäische Wüste ausbreiten und tolle Ausblicke auf eine Landschaft mit Weinbergen, Olivenbäumen und winzigen Dörfern ermöglichen.
Seit 1995 ist die Provinz Betlehem, aufgrund des Osloer Abkommens über das Westjordanland und den Gazastreifen vom September 1995, ein Teil der Palästinensischen Autonomie.

Haus des Brotes
Die Stadt verdankt ihren Namen der äußerst fruchtbaren Umgebung. Diese ist bekannt für den Anbau von Getreide. Der hebräische Name Betlehem ist zusammengesetzt aus Bet („Haus“) und Lechem („Brot“). Der Name bedeutet somit Haus des Brotes. Brot gilt als das Nahrungsmittel schlechthin.

Stadt Davids
Der zweite König Israels, David, kam aus Betlehem, wo er auch zum König gesalbt wurde. Deswegen wird Betlehem immer wieder auch als Stadt Davids bezeichnet (1.Sam 16,1; Lk 2,4).

Geburtsort Jesu Christi

Der weltweit hohe Bekanntheitsgrad der Stadt ist hauptsächlich darauf zurückzuführen, dass in Betlehem Jesus Christus geboren wurde. Zu der Zeit, als Maria und Josef aufgrund einer unter der römischen Besatzung durchgeführten Volkszählung dort Halt machten, war Betlehem nur ein Dorf mit vielleicht 300, maximal 1000 Einwohnern. Flavius Josephus schrieb, die Entfernung nach Jerusalem betrug zu Fuß zwei Stunden.

Weihnachten in Betlehem – ein Totalausfall

Im Jahr 2002 habe ich Weihnachten in Betlehem verbracht. Im Vorfeld dachte ich, das wird gigantisch werden, Weihnachten in Betlehem, das muss genial sein. Allerdings war zu der Zeit immer noch die zweite Intifada, der Palästinenser-Aufstand. Deshalb war die Region Betlehem vom israelischen Militär besetzt. Es gab wochenlange Ausgangssperren und das öffentliche Leben in Betlehem war zu weiten Teilen stillgelegt. Für die Weihnachtstage hatten die Israelis die Ausgangssperre erfreulicherweise aufgehoben. So gingen wir an Heilig Abend zur Geburtskirche auf den so genannten Krippenplatz. Dort, wo an Weihnachten normalerweise mit vielen verschiedenen Chören, Bands und allem, was sonst noch so dazu gehört, gefeiert wird.

Doch in dem Jahr schien es Weihnachten in Betlehem nicht zu geben. Es war schlichtweg einfach nichts los. Dafür lagen Erklärungen des Bürgermeisters von Betlehem aus, in denen stand, dass dieses Jahr Weihnachten ausfallen müsse. Er erklärte, dass der Weihnachtsmann sehr traurig sei, weswegen er auch gar

Blick auf die lutherische Weihnachtskirche in Betlehem

Geburtskirche in Betlehem

nicht erst komme und deswegen auch die Weihnachtsbeleuchtung aus bleiben müsse. In Betlehem fiel Weihnachten aus politischen Gründen aus. Die Schuld daran hatte selbstverständlich Israel.
Weihnachten in Betlehem: Ein Totalausfall.
Wie war das damals? Jesus wurde nicht in eine heile Welt hineingeboren. Er wurde in einer unfriedlichen Zeit geboren, um die Welt heil zu machen. Sein Angebot steht bis heute: Jesus schenkt Friede und Gerechtigkeit zwischen dir und Gott.

Sicher hätte es bessere Jahre gegeben, als die während der sogenannten zweiten Intifada. Dennoch wäre ich auch in besseren Zeiten mehr oder weniger verstört zurück geblieben. Sicher ist das nicht schön, wenn der Betlehemer Bürgermeister mitteilt, dass in diesem Jahr Weihnachten ausfallen müsse, weil die Israelis den Palästinensern das Leben so schwer machten. Eigentlich könnte es ja gerade trotzdem wertvoll sein, sich auf die wesentlichen Inhalte des Weihnachtsgeschehens zu besinnen. Dieses Problem haben zumindest die Israelis nicht, denn bei ihnen wird Weihnachten erst gar nicht gefeiert. Warum auch? Juden kennen kein Weihnachten, weil sie in Jesus nicht den Messias sehen. Und die sogenannten messianischen Juden, die an Jesus als ihren Retter glauben, kommen oft aus anderen Prägungen. Für sie gibt es keine Adventszeit und keinen Heiligen Abend. Sie sehen keinen Auftrag von Gott, Weihnachten zu feiern. Aus ihrer Sicht ist Weihnachten jederzeit ein Grund zum Feiern. Die Bekehrung und die Wiedergeburt stellen für sie Weihnachten dar. Das sei etwas, was sich zu jeder Jahreszeit ereignen kann.

Der sogenannte Stern von Betlehem
in der Geburtsgrotte

Eingang zur Geburtsgrotte
in der Geburtskirche

Das Weihnachtsfest ist eine christliche Tradition, die sich über Jahrhunderte entwickelt hat, damit können messianische Juden nichts anfangen.
In den palästinensischen Regionen ist das zum Teil anders. Allerdings sind dort weniger als 2% der Bevölkerung Christen. Die moslemische Mehrheit feiert selbstverständlich auch nicht die Geburt von Jesus Christus.
Die arabischen Christen feiern Weihnachten eher traditionell und, auch wenn sie es selber vielleicht gar nicht wahr haben wollen, mit stark amerikanischem Einfluss.
In der Region Betlehem lebt der Großteil der palästinensischen Christen. In Betlehem ist das Weihnachtsgeschehen das ganze Jahr über präsent. Die Weihnachtsbeleuchtung über den Straßen bleibt das ganze Jahr über hängen und wartet darauf, in der Weihnachtszeit angeschaltet zu werden. Zudem ist Weihnachten dort, wie die meisten palästinensischen Christen, orthodox geprägt.

Räumlich gesehen sind die Einwohner Betlehems natürlich sehr nahe an den Originalschauplätzen des Weihnachtsgeschehens dran. 365 Tage im Jahr. Die Weihnachtsgeschichte kann in Betlehem jedes Kind erzählen, zumindest in einer Kurzversion. Betlehem lebt von Weihnachten. Für die Stadt ist es ein Glücksfall, Schauplatz der Geburt Jesu gewesen zu sein. Ein Großteil der Bevölkerung lebt vom Tourismus, Olivenholzschnitzereien oder andere Artikel aus der Geburtsstadt Jesu sind beliebte Souvenirs bei Betlehems Gästen. Inhaltlich sind die meisten Menschen in Betlehem von dem Weihnachtsgeschehen zuweilen sehr weit weg. Doch damit sind sie in bester Gesellschaft.

Wie bereits erwähnt, wird Weihnachten in Betlehem gerne auch zu politischen Zwecken benutzt. Irgendwie auch verständlich, wenn jährlich für einen Moment die Aufmerksamkeit der ganzen Welt auf dieses kleine Städtchen gerichtet ist.

Panoramablick auf Betlehem
in der Ferne das Herodeion

Schafherde in Beit Jala

BROTHAUSEN

Brot ist ein ganz wesentliches Lebensmittel. Für uns ist es das Nahrungsmittel schlechthin. Brot hat alle Nährstoffe, die wir Menschen brauchen: Energie, Ballaststoffe, Eisen, Eiweiß, Magnesium, Vitamine. Brot bildet die Basis für eine ausgewogene und gesunde Ernährung und sollte einen Großteil unserer Nahrungszufuhr ausmachen.

In der Antike und über viele weitere Jahrhunderte hinweg war der Stellenwert von Brot noch um einiges höher. Es war neben Wasser das einzige Grundnahrungsmittel. Brot war und ist im wahrsten Sinne unersetzlich.
Diese Bedeutung des Brotes führte dazu, dass Brot das Wort für Nahrung allgemein wurde. Brot – ein Lebensmittel, ein Mittel zum Leben.

In Deutschland ist Brot nach wie vor eines der bedeutendsten Nahrungsmittel. Allerdings hat es sich von dem Grundnahrungsmittel zu einer meist weniger beachteten und geschätzten Unterlage für einen als wertvoller angesehenen Belag gewandelt.

Da Brot so wichtig und unersetzlich war und ist, ist es auch verständlich, dass Brot immer wieder zum Zeichen für das Wichtigste geworden ist. Jesus greift das Bild des Brotes auf und sagt:
„Amen, amen, das sage ich euch: Wer glaubt, hat das ewige Leben. Ich bin das Brot des Lebens. Eure Väter haben in der Wüste das Manna gegessen und sind trotzdem gestorben. Aber dies ist das Brot, das vom Himmel herabkommt. Wer davon isst, wird nicht sterben. Ich bin das Lebensbrot, das vom Himmel herabgekommen ist. Wenn jemand von diesem Brot isst, wird er in Ewigkeit leben. Das Brot, das ich geben werde, ist mein Leib. Ich gebe ihn hin, damit diese Welt leben kann.“ (Johannes 6,47-51)

Es war Jesu Bestimmung, als Brot zum Leben für uns Menschen auf diese Erde zu kommen. Das zieht sich durch sein irdisches Leben von Anfang an durch. Jesus wird in Betlehem geboren. Die beiden hebräischen Worte Bet und Lechem bedeuten Haus und Brot. Betlehem ist also das Haus des Brotes. Jesus, der das Brot des Lebens in Person ist, wird in Brothausen geboren. Betlehem wird zur göttlichen Backstube für himmlische Ernährung. Wenige Kilometer entfernt von Betlehem wird Jesus letztlich auf dem Hügel Golgatha, durch seinen Tod und seine Auferstehung, zum Überlebensmittel für uns Menschen.

So wie Jesus beim Mahl das Brot bricht, nach der jüdischen Tradition fällt dies der Rolle des Hausvaters zu als Autorität dieser Gemeinschaft, so bricht uns Gott das Lebensbrot und wartet darauf, dass wir es nehmen und Teil seiner Gemeinschaft werden.

Das Hauptthema der antiken Tischgespräche war Essen und Liebe. Was uns Gott durch Jesus zu sagen hat, vollzieht sich als Tischgespräch: Das Brot des Lebens ist Ausdruck der Liebe Gottes zu uns Menschen.
So wie das gebackene Brot für mein leibliches Wohl unersetzlich ist, so bedeutend ist das Brot des Lebens für meine geistliche Existenz. So wie das Brot mich am Leben erhält, macht mich das Brot des Lebens geistlich erst lebensfähig. Jesus, das Brot des Lebens, eröffnet mir eine himmlische Perspektive.

REZEPTE

Alle, die wie ich Freude am Backen haben, finden auf den folgenden Seiten ein paar Rezepte, die sich auch gerade als Ausgleich für die mit Süßem überladene Weihnachtszeit eignen.
Für alle Hobbyköche gibt es noch ein Essensrezept aus Betlehem.

Lechem-Brot

Das „Lechem-Brot“ ist ein Mehrkornquarkbrot mit Saaten. Es hat ein Getreidemischungsverhältnis von 60% Weizenmehl, 34 % Roggenmehl und 6 % Haferflocken.

Das „Lechem-Brot“ steht wie kein anderes Brot für das vollkommene Lebensgefühl. Es enthält neben dem lebenswichtigen Eiweiß auch kraftspendende und zugleich sättigende Kohlenhydrate und wenig Fette. Durch die Verwendung von Natursauerteig und frischem Quark kommen lange Frischhaltung und Saftigkeit des Brotes voll zum Tragen. Außerdem ist es reich an Enzymen. Sonnenblumen- und Kürbiskerne machen dieses Brot unverwechselbar und verleihen ihm gleichzeitig die Power, die das „Lechem-Brot“ seinem Namen gerecht werden lässt.
Das reichhaltige „Lechem-Brot“ ist in der Herstellung etwas aufwändiger als ein schlichtes Weizen- oder Mischbrot. Doch der einsatzfreudige Bäcker wird nach getaner Arbeit für seinen Aufwand mit einem herausragenden Geschmackserlebnis belohnt.

Ich hoffe das war Motivation genug, sich an einen ersten Backversuch zu machen. Falls der nicht auf Anhieb hinhaut, wird der zweite sicher besser.

Das „Lechem-Brot“ kann auch ohne Sauerteig hergestellt werden. Ich empfehle jedoch die Verwendung eines einfachen Sauerteiges. Sauerteig wird benötigt, um Roggenmehl backfähig zu machen. Das ist bei der hier verwendeten Menge, aufgrund des deutlich höheren Weizenmehlanteils, nicht zwingend erforderlich. Der Sauerteig verleiht dem Brot jedoch einen besseren Geschmack. Zudem bleibt das Brot nach dem Backen länger frisch und saftig. Für den ersten Sauerteig wird ein Starter, ein sogenanntes Anstellgut benötigt. Diesen bekommt man in Mühlen, in einigen Supermärkten oder Reformhäusern.
Der Sauerteig sollte mindestens 16 Stunden vor der Brotteigherstellung angerührt werden. Er kann abgedeckt in der Küche stehen bleiben.

Sauerteig:
110 g Roggenmehl
5 g Anstellgut
85 g Wasser (ca. 35 °C)

Neben dem Sauerteig empfehle ich die Herstellung eines Quellstücks. Dadurch werden die Sonnenblumen- und Kürbiskerne im Brot etwas weicher. Doch vor allem erhöht sich dadurch die Wasseraufnahme im Teig, was das Brot saftiger werden lässt, weil die Kerne das eingespeicherte Wasser erst wieder beim Backprozess abgeben. Das Quellstück hat eine Stehzeit von 3 Stunden.

Quellstück:
30 g Haferflocken
60 g Kürbiskerne
60 g Sonnenblumenkerne
150 g Wasser (ca. 80°C)

Nun kommen wir zum eigentlichen Brotteig. Wie gesagt, es kann auch auf Sauerteig und Quellstück verzichtet werden. Das Rezept geht davon jedoch nicht aus.

Teig:
300 g Weizenmehl Type 1050
60 g Roggenmehl Type 1150 (ohne Sauerteig: 170 g)
200 g Sauerteig
300 g Quellstück
12 g Salz
12 g Hefe
75 g Quark
140 g Wasser (ohne Sauerteig: + 85g;ohne Quellstück: -50 g)

Alle Zutaten werden gut zusammen geknetet. Nach dem Kneten gönnen wir dem Teig ca. 10 Minuten Ruhe. Nach der Teigruhe wird der Teig zu einer länglichen Brotform aufgearbeitet.
Diese kann dann durch eine Körnermischung aus Sonnenblumenkernen, Sesam und Mohn gewälzt werden. Anschließend wird das Brot auf dem Kopf auf ein sauberes (Geschirrhand-) Tuch gelegt und abgedeckt. Nach ca. 20 Minuten Gärzeit kann das Brot vorsichtig von dem Tuch runter genommen werden und mit dem Schluss nach unten auf ein mit Backpapier bedecktes Backblech gesetzt und in den auf 220°C vorgeheizten Ofen geschoben werden. Direkt nach dem Reinschieben kann noch ein bisschen Wasser in den Ofen geschüttet werden, damit es zu einer Dampfentwicklung kommt. Diese ermöglicht es dem Brot, im Ofen länger zu gehen ohne aufzureißen. Nach ca. 10 Minuten kann die Temperatur auf 190°C abgesenkt werden.
Die Backzeit beträgt ca. 45-50 Minuten.

Ich wünsche viel Freude beim Backen und großen Genuss beim Verzehr dieses besonderen Brotes.

◇◇◇

HINTERGRUNDINFO SAUERTEIG

SAUERTEIG WURDE BEREITS ZU BIBLISCHEN ZEITEN VERWENDET (2. MOSE 12). JESUS VERGLEICHT DAS REICH GOTTES MIT DER WIRKUNG DES SAUERTEIGES (MATTHÄUS 13,33). SAUERTEIG WIRD INSBESONDERE FÜR ROGGENBROTE BENÖTIGT, UM DEN ROGGENTEIG BACKFÄHIG ZU MACHEN. ER DIENT ALS TRIEBMITTEL ZUR LOCKERUNG DES TEIGES, WAS BEI WEIZENTEIGEN IN DER REGEL ÜBER DIE ZUGABE VON HEFE ERREICHT WIRD.

WEIZENMISCHTEIGE VERTRAGEN EINE GEWISSE MENGE ROGGEN AUCH OHNE ZUSATZ VON SAUERTEIG. BEI EINEM ROGGENANTEIL VON 20 % UND MEHR SOLLTE AUF SAUERTEIG NICHT VERZICHTET WERDEN. SAUERTEIG GARANTIERT JEDOCH WEIT MEHR ALS NUR DIE TEIGLOCKERUNG. ER IST EIN WERTVOLLER AROMA- UND GESCHMACKSTRÄGER. ZUDEM TRÄGT ER ZUR BESSEREN VERDAULICHKEIT DES BROTES BEI UND VERLÄNGERT DIE HALTBARKEIT.

◇◇◇

HOLZOFENBROT – Backen wie in früheren Zeiten

In vielen Orten, insbesondere im ländlichen Raum, gibt es noch Backhäuser. Seit einigen Jahren erfreuen sich diese wachsender Beliebtheit. Mancherorts lebt wieder eine alte Backkultur auf und neue Backhäuser werden gebaut. Mancher baut sich gar seinen eigenen Holzbackofen im Garten oder

Haus. Auch ich backe sehr gerne Brot im Holzbackofen. Das Brot verfügt einfach über einen unverwechselbaren Charakter und Geschmack. Daneben ist es ein tolles Erlebnis, den Ofen zu beheizen und später einen Ofen voller Brotlaibe auszubacken.

Da im Holzbackofen klassischer Weise größere Mengen gebacken werden, gebe ich das Rezept für insgesamt 23 kg Teiggewicht an. Das ergibt 16-20 Brote je nach gewünschter Größe. Für alle, die nicht die Möglichkeit eines großen Ofens haben, finden sich in Klammern die Mengenangaben für vier Brote.

Das Holzofenbrot ist ein Weizenmischbrot mit einem Getreidemischungsverhältnis von 85% Weizenmehl und 15 % Roggenmehl.

Sauerteig:

1470 g (295 g) Roggenmehl
1175 g (235 g) Wasser
40 g (8 g) Anfrischsauer bzw. Trockensauerteig

Trockensauerteig gibt's in Mühlen, Reformhäusern oder auch manchen Supermärkten.

Den Sauerteig 16-24 Stunden vor der Herstellung des Hauptteiges mit ca. 30°C Teigtemperatur ansetzen. Er kann abgedeckt in der Küche stehen bleiben.

Wer keinen Sauerteig als Vorteig führen möchte, kann die angegebene Mehl- und Wassermenge entsprechend zu dem Hauptteig hinzufügen und in diesen 45 g Trockensauerteig geben.

Mehlkochstück:

200 g (40 g) Weizenmehl
850 g (170 g) Wasser
10 g (2 g) Salz

Das Mehlkochstück wird idealerweise 1-2 Tage vor dem Backtag hergestellt. Die Hälfte des Wassers mit dem Salz verrühren und in einem Topf zum Kochen bringen. Die andere Hälfte mit dem Mehl klumpenfrei verrühren, in das kochende Wasser einrühren und weiter kochen bis die cremige Masse aufwallt. Nach dem Erkalten wird das Mehlkochstück im Kühlschrank gelagert.

Hauptteig
2680 g (535 g) Sauerteig
5550 g (1100 g) Weizenmehl Type 550
5550 g (1100 g) Weizenmehl Type 1050
500 g (100 g) Roggenmehl Type 1150
260 g (50 g) Speisesalz jodiert
390 g (75 g) Olivenöl
325 g (65 g) Hefe
6800 g (1360 g) Wasser
1000 g (200 g) Mehlkochstück

Alle Zutaten werden in der Knetmaschine gut zusammen geknetet (4 Minuten langsam, 3 Minuten schnell). Nach dem Kneten gönnen wir dem Teig Ruhe bis zum Backen. Je nach Platz in der Maschine oder in einer großen Teigwanne.

Backen
Zur Herstellung der Brotlaibe wird der Teig mit den Händen aus der Teigwanne gezogen, in der gewünschten Größe abgedrückt, mit Wasser benetzt, auf den nassen Holzschießer gesetzt und zügig in den Ofen geschoben (eingeschossen). Wenn die Backzeit nach ca. 60 Minuten zu Ende ist (ein hohles Klingen sollte vernehmbar sein, wenn man mit der Faust auf den Brotboden klopft), werden die Brote mit einem großen Brotpinsel mit Wasser bestrichen und noch einmal für ca. 2 Minuten in den Ofen geschoben. Dadurch erhalten die Brote später einen schönen Glanz.

Ablauf
Der Holzofen wird 2,5 - 3 Stunden vor dem Einschießen der Brote eingeheizt. Zu Beginn wird mit einer kleineren Menge Holz Feuer gemacht, damit der Ofen langsam heiß werden kann. Nach ca. 30 Minuten kann weiteres Holz nachgelegt werden, so dass sich das Feuer über den gesamten Backraum erstreckt. Sobald das Feuer im Ofen brennt, kann der Brotteig hergestellt werden. Nach ca. einer weiteren Stunde sollte weiteres Holz nachgelegt werden. Die Zeit des Anheizens erstreckt sich auf ca. 2 Stunden. Wenn eine schöne Glut vorhanden ist, wird diese gleichmäßig im Ofen verteilt. Nach ca. 15 Minuten wird diese aus dem Ofen geholt, der Ofen ausgefegt und mit einem feuchten Lappen ausgewischt.

Bevor das Brot eingeschossen wird, sollte der Ofen bei geschlossener Tür und geschlossenem Kaminzug ca. 10-15 Minuten leer gelassen werden. Das Brot kann eingeschossen werden, wenn die Ofentemperatur auf ca. 250 °C gefallen ist.

HINTERGRUNDINFO MEHLKOCHSTÜCK

DIE VERWENDUNG VON KOCHSTÜCKEN AUS MEHL GEHÖRT ZUR TRADITIONELLEN BROTHERSTELLUNG. DURCH DIE GEBUNDENE FLÜSSIGKEIT DES MEHLKOCHSTÜCKS KANN EINE HÖHERE WASSERAUFNAHME DES TEIGES ERZIELT WERDEN. DABEI WIRD DER TEIG NICHT WESENTLICH WEICHER. DAS WASSER WIRD ERST BEIM BACKPROZESS FREIGEGEBEN. DADURCH WIRD DIE BROTKRUME FEUCHTER UND DIE FRISCHHALTUNG DES BROTES WIRD VERLÄNGERT. DIE MENGE DES EINGESETZTEN KOCHSTÜCKS FINDET IHRE GRENZE IN DER AUFNAHMEFÄHIGKEIT DER KRUME. IST DIESE NACH DEM BACKEN SCHMIERIG-GLITSCHIG, IST DIE WASSERMENGE IM TEIG ZU HOCH.

OLIVEN – ein prägendes Element

Der Olivenbaum prägt die Landschaft um Betlehem wie kein anderer Baum. Er braucht nur wenig Erde für seine Wurzeln und kommt mit geringen Wassermengen aus. Er gehört zur Familie der Koniferen. Seine kleinen Blätter saugen das Sonnenlicht auf und tragen somit zu einem hohen Ertrag an Früchten bei. Die Lebenszeit eines Olivenbaumes beträgt mehrere Generationen.

Die Olivenernte ist in der Region Betlehem ein herausragendes Ereignis im Jahr. Die Ernte findet mehrere Wochen im Oktober statt. An ihr beteiligt sich die ganze Familie, so dass die Schüler während dieser Zeit schulfrei bekommen. Die Oliven werden frisch gegessen oder in Salzwasser, Limonenextrakt oder Weinessig konserviert. Ein anderer Teil wird zu Olivenöl verarbeitet.
Wer nun Lust auf einen Olivenbaum im eigenen Garten bekommen hat, muss sich am Anfang besonders in Geduld üben. Das Pflanzen erfordert besondere Sorgfalt und es dauert einige Jahre, bis ein junger Olivenbaum erstmals Früchte trägt. Zudem liebt er klimatisch mehr die wärmeren Regionen dieser Erde.
Trotzdem können wir auch in Mitteleuropa jede Menge Oliven genießen. Im Folgenden beschreibe ich die Herstellung von Olivenbrötchen nach eigener Rezeptur.

OLIVENBRÖTCHEN

Das Olivenbrötchen, das sicher auch den Hirten auf den Feldern rund um Betlehem gut geschmeckt hätte, ist ein Weizenbrötchen mit Oliven.
Mit diesen Olivenbrötchen kommt ein Stück mediterranes und orientalisches Lebensgefühl zu Ihnen nach Hause. Fein gehackte Oliven und Olivenöl führen zu einem ausgeprägten Geschmack und einer saftigen Krume mit unvergleichlichem Olivenaroma. Die Olivenbrötchen sind schon ohne Beilagen ein Genuss. Besonders gut schmecken sie zu Schafskäse, Tomaten oder zu den unterschiedlichsten Salaten. Während der Freiluftsaison bereichern sie jedes Grillfest oder den geselligen Abend im Garten.

Teig (für 30 Brötchen):

500 g	Weizenmehl Type 550
500 g	Weizenmehl Type 1050
20 g	Salz
2 TL	Thymiangewürz
40 g	Hefe
250 g	Oliven
30 g	Olivenöl
530 g	Wasser
100 g	geriebener Käse

Die Oliven werden in kleine Stücke / Scheiben geschnitten und zur Seite gelegt. Alle anderen Zutaten werden zu einem Teig zusammengeknetet. Wenn der Teig gut durchgeknetet wurde, werden die Oliven unter den Teig geknetet.

Nach dem Kneten gönnen wir dem Teig ca. 20 Minuten Ruhe. Nach der Teigruhe wird der Teig in 30 Stücke zu je 60 g geteilt. Die einzelnen Teigstücke werden zu runden Bällchen geformt und mit der schönen Seite nach unten auf ein sauberes und leicht bemehltes (Geschirrhand-) Tuch gelegt, leicht flachgedrückt und abgedeckt. Nach ca. 30-40 Minuten Gärzeit können die Teiglinge vorsichtig von dem Tuch genommen werden und mit dem Schluss nach unten auf ein mit Backpapier bedecktes Backblech gesetzt werden. Nun werden die Teiglinge mit einem scharfen Messer eingeschnitten. Wer möchte, kann jetzt die backfertigen Teiglinge noch mit geriebenem Käse bestreuen.

Dann sind sie fertig, um in den auf 200°C vorgeheizten Ofen geschoben zu werden. Direkt nach dem Reinschieben kann noch ein bisschen Wasser in den Ofen geschüttet werden, damit es zu einer Dampfentwicklung kommt. Diese ermöglicht es den Brötchen, im Ofen länger zu gehen ohne aufzureißen.

Die Backzeit beträgt ca. 18 Minuten.

FLADEN MIT KÄSEFÜLLUNG

Die mit einer Käsemischung überbackenen Fladen schmecken frisch gebacken bereits sehr lecker. Sie können jedoch auch aufgeschnitten werden und mit unterschiedlichen Zutaten, z. B. Tomaten, Gurken, Salatblättern, Fleischstückchen, usw. gefüllt werden.

REZEPTUR

Teig

500 g Weizenmehl Type 550
10 g Salz
25 g Hefe
300 g Wasser

Füllung

35 g saure Sahne
35 g Bio-Sahne
10 g Weizenmehl
100 g geriebener Käse
1 Prise Salz

HERSTELLUNG

Teig:

Alle Zutaten werden zu einem kompakten Teig geknetet.
Anschließend bekommt der Teig abgedeckt eine 20minütige Ruhezeit, bevor er in 8-10 Stücke aufgeteilt wird. Die einzelnen Teigstücke werden zu runden Ballen geformt und 10 Minuten abgedeckt liegen gelassen.
Die Teigstücke werden dann flachgedrückt, mit einem Rollholz ca. 2 cm dick ausgerollt und auf ein Blech gesetzt.

Füllung:

Die Zutaten werden verrührt und gleichmäßig auf die ausgerollten Teigstücke gestrichen.
Vor dem Backen bekommen die Fladen noch ca. 20-30 Minuten Gehzeit.
Die Fladen werden anschließend bei 210°C ca. 15 Minuten gebacken.

FREUDIGE ERWARTUNG

Was lag nicht schon alles hinter ihm?
Ein Leben, gezeichnet von so manchen Höhen und Tiefen. Er hatte Beschwerliches, aber auch Schönes erlebt. Er war stets bestrebt, sich angemessen zu verhalten. Seinen Pflichten kam er außergewöhnlich exakt nach. So lebte er nicht nur den Menschen, sondern auch seinem Gott gegenüber. Denn zu ihm hin war sein Leben ausgerichtet. Er lebte für seinen Gott. Es war der Gott Israels, der sein Leben prägte.
Durch all die Jahrzehnte hindurch wuchs so eine besondere Beziehung zwischen ihm und seinem Gott. Er war ein außergewöhnlicher Mensch, denn er war vom Heiligen Geist erfüllt. Das traf in seiner Zeit nur auf einzelne Personen zu. Der Geist Gottes machte ihm sogar ein einmaliges, persönliches Versprechen.
„Sieh doch: Damals lebte in Jerusalem ein Mann, der Simeon hieß. Er hielt Gottes Gebote und vertraute ganz auf ihn. So wartete er auf den Retter, den Gott seinem Volk Israel schickt. Der Heilige Geist leitete ihn. Und durch den Heiligen Geist hatte Gott ihn wissen lassen: „Du wirst nicht sterben, bevor du den Christus des Herrn gesehen hast.“ Jetzt drängte ihn der Heilige Geist, in den Tempel zu gehen. Gerade brachten auch die Eltern das Kind Jesus dorthin. Sie wollten die Vorschriften erfüllen, die im Gesetz für das Kind vorgesehen sind. Simeon nahm das Kind auf den Arm. Er lobte Gott und sagte: „Herr, jetzt kann dein Diener in Frieden sterben, wie du es versprochen hast. Denn mit eigenen Augen habe ich gesehen: Von dir kommt die Rettung. Alle Völker sollen sie sehen – ein Licht, das für die Heiden leuchtet, und deine Herrlichkeit aufscheinen lässt über deinem Volk Israel.“ Der Vater und die Mutter von Jesus staunten über das, was Simeon über das Kind sagte. Simeon segnete sie und sagte zur Mutter Maria: „Sieh doch: Dieses Kind ist dazu bestimmt, in Israel viele zu Fall zu bringen und viele aufzurichten. Es wird ein Zeichen Gottes sein, dem viele sich widersetzen. So soll ans Licht kommen, was viele im Innersten denken. Und für dich, Maria, wird es sein, als ob dir ein Schwert durch die Seele fährt.“ (Lukas 2,25-35)

Was lag nicht schon alles hinter ihm?
Simeon wartete die ganze Zeit auf diesen Tag. Er wartete die ganze Zeit auf den Christus, den Heiland. Also, auf das Heilsmittel Gottes für seine Menschen. Der, auf den er für sein Volk wartete, sollte sogar der Retter der ganzen Welt sein. Auf ihn wartete er bereits Jahrzehnte lang. Das hatte sein Leben geprägt.
Simeon war ein tief gläubiger Mensch. Er wusste um seine Pflichten und Aufgaben im Leben. Doch diesen nachzukommen war nicht alles in seinem Leben. Er lebte in der Erwartung des versprochenen Heilands. Dabei hielt er sich an Gottes Zusagen und vertraute ihnen. Das prägte sein Leben.
Bis zur Erfüllung der ihm gegebenen Zusage wurde Simeon vermutlich ein alter Mann, der lange gewartet hatte. Zeiten des Wartens können lang und hart sein. Sie prägen das Leben.
Auch der Dichterpfarrer Paul Gerhardt hat das erlebt. Sein persönliches Leben war von vielen familiären Todesfällen geprägt. Sein Vater starb, als er ein 12jähriger Junge war. Bei dem Tod seiner Mutter war er gerade einmal 14 Jahre alt. Sein Bruder starb an der Pest. Vier seiner Kinder wurden nicht älter als ein Jahr. Nur ein Sohn hat ihn überlebt. Seine Frau verstarb im Alter von 46 Jahren. Er erlebte den Dreißigjährigen Krieg, der viel Elend für die Menschen seiner Zeit brachte und lange nachwirkte. Menschen starben an der Pest. Doch auch eine innere Verwüstung prägte die Menschen nach dem langen Krieg. Wie sehr Paul Gerhardt trotz all diesem Leid in seinem Leben von einem tiefen, hoffnungsvollen Glauben geprägt war, erfahren wir vor allem durch seine zahlreichen Lieder. Von ihnen stehen bis heute noch viele in unseren Gesangbüchern. Paul Gerhardt war ein Mensch, der auf seinen Heiland wartete.
In seinem Lied „Wie soll ich dich empfangen“ formuliert er: „Ach komm, ach komm, o Sonne, und hol uns allzumal, zum ewgen Licht und Wonne in deinen Freudensaal.“ „Er kommt, er kommt“, davon war Paul Gerhardt überzeugt. [1]
Aus seinem Warten heraus entstanden, trotz vieler Tiefen in seinem Leben, Lieder, die von großer Hoffnung getragen sind. Sie wurden im Lauf von vier Jahrhunderten für unzählige Menschen zu einem wichtigen Begleiter in ihrem Glauben.

Was lag nicht alles vor ihm?
Über das Leben Simeons erfahren wir, außer in diesem Text, nichts in der

1 Beide Zitate aus: Evangelisches Gesangbuch, Liednummer 11

Bibel. Ob er ein gutes, ein leichtes oder ein schweres und leidvolles Leben hatte, wissen wir somit nicht. Jedoch wird er in seinem Leben einiges erlebt und durchlebt haben. Dabei blieb sein oberstes Ziel, den Heiland zu sehen. Darauf wartete er.
Und dann kam sein großer Tag. Der Heilige Geist gab ihm den entscheidenden Impuls. Er sollte in den Jerusalemer Tempel gehen. Dort traf er auf ein junges Paar mit einem gerade einmal 41 Tage alten Baby. Die junge Familie folgte gerade ihren gesetzlich vorgeschriebenen rituellen Pflichten. Maria galt nach der Geburt ihres Sohnes bis zu diesem Zeitpunkt als unrein. Sie musste nun, zum Abschluss ihrer Reinigung, vor einem Priester Gott ein Opfer darbringen. Zudem galt nach dem jüdischen Gesetz der erstgeborene Sohn als Gottes Eigentum und musste ausgelöst werden. Das war bei diesem Baby mit Namen Jesus allerdings nicht nötig, denn es war zugleich der Sohn Gottes. Er war es, auf den Simeon die ganze Zeit gewartet hatte. Gott hatte es ihm selbst versprochen, dass er den Retter der Menschen noch vor seinem Tod sehen würde.
Gewöhnlich nahm der Priester bei der Auslösung das Kind auf den Arm und fragte die Eltern, ob es Gott heilig bleiben oder ausgelöst werden soll.
Nun nahm Simeon das Baby auf seine Arme und stimmte ein Loblied an. Die Begegnung mit Jesus erfüllte ihn mit großer Freude.
„Sollt ich meinem Gott nicht singen? Sollt ich ihm nicht dankbar sein?“[2] Das waren für ihn, wie für Paul Gerhardt, wohl nur rhetorische Fragen. Denn nun haben seine Augen den erwarteten Heiland gesehen. Mehr noch, er hielt den menschgewordenen Gott in seinem Arm: Jesus Christus, das Licht für die Völker und die Ehre seines Volkes Israels.
Den, auf den Israel und Simeon so lange gewartet hatten, hielt er nun leibhaftig in seinem Arm: Jesus Christus, der als das Licht kam, das in die Dunkelheit dieser Welt hineinleuchtet, brachte Simeon zum Strahlen.
Das Licht, das Freude schenkt. Freude für jede Lebenslage. Simeon erkannte in dem Baby diese Freude. Er stimmte ein Loblied an, wie die Engel wenige Wochen vor ihm, die mit großer Freude damals verkündeten: „Ehre sei Gott in der Höhe und Friede auf Erden bei den Menschen seines Wohlgefallens.“
Wer Jesus, dem Heiland, begegnet, wird diesen Frieden erfahren. Wer Jesus, dem Heiland, begegnet, hat Grund zur Freude und Dankbarkeit. Dieses Erleben geht viel tiefer und reicht viel weiter als die konkrete Lebenssituation, in der ich mich gerade befinde.

2 Evangelisches Gesangbuch, Liednummer 325

Der Friede, der von Jesus ausging und ausgehen sollte, würde Simeon in Frieden sterben lassen. Davon war er nach der Begegnung mit dem Baby Jesus überzeugt. Er hatte erlebt, wie Gott sein Versprechen gehalten hat. Sein Warten wurde erfüllt. Die Hoffnung wurde Wirklichkeit. Nun war Simeon bereit, in Frieden zu sterben.
Er hat sich sein ganzes Leben lang an Gott gehalten. Er hat erlebt, wie sein Gott, der Vater dieses kleinen Jesus, ihn in seinem Leben gehalten hat. Dieser Gott wird auch sein Halt im Sterben sein. Das stand für ihn fest. Gott war für ihn nicht der Strohhalm für die letzten Stunden seines Lebens. Er war seine Orientierung schon während des Lebens, weil er wusste, dass er nur im Glauben an ihn in Frieden leben und sterben konnte.
Simeon hat erlebt, wie Gott zu seinem Versprechen gestanden hat. Er hat auf ihn gewartet und seine Hoffnung wurde nicht enttäuscht.
Simeon hatte Jesus als Baby im Arm. Er wartete und glaubte damals über den Augenblick hinaus. Das Reich Gottes war erst im Anbruch. Wir warten heute auf seine Vollendung. Wir können Jesus nicht in unsere Arme nehmen. Doch wer Jesus in sein Herz aufnimmt und an ihn glaubt, der kann, wie Simeon, Gott in Frieden entgegen gehen.
Auf ihn warten wir. Das Warten wird sichtbar im gelebten Glauben, er erwartet Jesus im Alltag.

Paul Gerhardt hat dies getan:
„Süßes Heil, lass dich umfangen, lass mich dir, meine Zier, unverrückt anhangen. Du bist meines Lebens Leben; nun kann ich mich durch dich wohl zufrieden geben."
In einem Leben, das keinesfalls glatt verlaufen ist, konnte Paul Gerhardt doch zufrieden sein. Denn er fand in Jesus seinen Frieden und seine Freude, ihn erwartete er in seinem Alltag. Das bewahrte ihn keineswegs vor Problemen. Er verlor in Berlin sogar seine Arbeit, weil er an seinem Glauben festhielt.[3] Er erwartete von seinem Gott mehr als von den vermeintlichen Sicherheiten seiner Zeit. Er vertraute darauf, dass Gott zu seinen Zusagen steht. Er glaubte, dass diese mehr wert seien als alles andere auf dieser Welt. Er erwartete Gott. Wie Simeon lobte auch er Gottes Treue. So wurde er für viele Menschen zu einem Segen und Wegbegleiter in ihrem Glauben.

Was lag nicht noch alles noch vor ihnen?
Simeon wagte den Ausblick für das weitere Leben des kleinen Babys, aber

3 Zu den Hintergründen des Berliner Kirchenstreits und der Entlassung Gerhardts aufgrund der Nichtunterzeichnung des so genannten Toleranzedikts vgl. Brunners Werk, 75-107

auch für das Leben Marias. Simeon prophezeite, was später Wirklichkeit wurde: An Jesus werden sich die Geister scheiden, durch seine Person wird Trennung geschehen. Niemand kommt an Jesus vorbei, ohne sich für oder gegen ihn zu entscheiden. Dadurch wird er für die einen zur Basis des Glaubens, für die anderen zu einem Anstoß, der sie zu Fall bringen wird.
Menschen, die auf Jesus warten, wissen das und verschweigen es nicht. Auch Paul Gerhardt gab das weiter. „Er kommt zum Weltgerichte: zum Fluch dem, der ihm flucht, mit Gnad und süßem Lichte dem, der ihn liebt und sucht.“[4]

Nicht alle können es ertragen, das zu hören, und so wird es zu allen Zeiten Auseinandersetzungen um Jesus geben.
Auch Marias Leben war davon betroffen, als Mutter von Jesus, dem Retter der Welt. Sie musste ihn loslassen. Ihn in seinen Auftrag entlassen. Das war für sie an einigen Stellen sehr schmerzvoll, nicht erst, als sie an Jesu Kreuz stand.
Jeder, der Jesus in seinem Leben erwartet, der mit ihm rechnet, bekommt diesen Kampf, der um Jesus entstanden ist, zu spüren. Den Freunden Jesu ist nicht der Himmel auf Erden verheißen, doch sie leben auf Erden von der Verheißung des Himmels. Wer auf Jesus wartet, auf den wartet Jesus. Die freudige Erwartung hat bis heute ihren Grund in dieser lebendigen Hoffnung. Doch vielmehr ist Jesus schon hier und heute Grund der Freude, der menschgewordene Gott, der Heiland des Herrn, den Simeon im Arm hielt. Er ist treu und steht zu seinen Zusagen.

Simeons Loblied beginnt mit den vertrauensvollen Worten: „Herr, nun kann ich in Frieden sterben.“ Er hatte in Jesus alles, worauf er sein Leben lang gewartet hatte. Nachdem Simeon Jesus gesehen hatte, konnte er in Frieden sterben.
Diese Worte Simeons sind Ausdruck eines von Hoffnung geprägten Glaubens.
Ein Glaube an den, der Frieden schafft zwischen mir und Gott.
Ein Glaube, der in die Ewigkeit reicht, weil er an den glaubt, der mir aus der Ewigkeit her die Hand reicht.
Das Leben als Christ ist nicht allein nur ein Lobgesang, auch Leid und Schweres prägen das Leben. Doch in allem gibt es eine Hoffnung, die uns bleibt. Er wird kommen wie der Morgen, der die lange Nacht vertreibt.

4 Evangelisches Gesangbuch, Liednummer 11

Der Theologe und Fernsehjournalist Peter Hahne sagte einmal: „Christen fragen nicht danach, was kommt, sondern wer kommt. Alles andere ist im Gehen, er aber ist im Kommen: Jesus.“[5]
Auf ihn warten wir. Auf ihn gehen wir zu. Das ist unser Trost.

Kurz vor seinem Tod schrieb Paul Gerhardt im Frühjahr 1676 in dem Testament für seinen einzigen noch lebenden Sohn: „Nachdem ich nun mein 70. Lebensjahr erreicht habe. Habe ich eine fröhliche Hoffnung, dass mein lieber Gott mich in kurzem aus dieser Welt erlösen und in ein besseres Leben führen werde, als ich es bisher auf dieser Erde gehabt habe. Ich danke ihm zuerst für alle seine Güte und Treue, die er mir von Mutterleibe an bis auf diese jetzige Stunde an Leib und Seele und an allem, was er mir gegeben, erwiesen hat.

Daneben bitte ich ihn von Grund meines Herzens, er wolle mir, wenn mein Stündlein kommt, eine fröhliche Abfahrt verleihen, meine Seele in seine väterlichen Hände nehmen und dem Leibe eine sanfte Ruhe in der Erde bescheren, bis zu dem lieben jüngsten Tag, da ich mit all den Meinigen wieder erwachen und meinen lieben Herrn Jesus Christus, von Angesicht zu Angesicht schauen werde.“[6]

5 Hahne, Hoffen, 189
6 Müller-Bohn, Trost, 174

Am Ende noch ein Gericht – Maqlube

Die arabische/orientalische Küche bietet eine Vielzahl an leckeren und bei der Vorbereitung teilweise sehr zeitaufwendigen Speisen.

Hier kommt ein leckeres und nahrhaftes Rezept für Maqlube. Das heißt so viel wie „auf den Kopf gestellt“ oder „drunter und drüber“. Warum, werden wir gleich sehen. Maqlube ist ein Gericht mit überschaubarem Zeitaufwand und auch an Weihnachten eine Option, die man nicht bereuen wird.

Zeitbedarf: ca. 90 Minuten
Das Rezept in dieser Menge macht, je nach Hunger,
ca. 4-7 Personen satt.

Zutaten:
250 g Kartoffeln
500 g Karotten (5-7 Stück)
500 g Auberginen (2 Stück)
500 g Blumenkohl (ca. ½ Kopf)
500 g Reis (Risotto)
4 Hähnchenschenkel (ca. 1000 g)
1,2 l Wasser
1 Gemüsebrühwürfel
Salz, Pfeffer, Curcuma, Paprika
1,5 l Sonnenblumenöl (kalt gepresst) zum Frittieren
Mandelplättchen oder Pinienkerne
500 g Naturjoghurt

Zubereitung:
Kartoffeln, Karotten, Auberginen, Blumenkohl waschen, schälen und in ungefähr gleich große Stücke zerteilen. Anschließend wird jede Sorte einzeln frittiert. Ich empfehle dabei die oben genannte Reihenfolge.
Parallel dazu werden die Hähnchenschenkel mit Salz, Pfeffer, Curcuma und Paprika gewürzt, auf ein Blech gelegt und eine halbe Stunde im Backofen bei 200 Grad gegart.

Danach können die Hähnchenschenkel durch das Gelenk geteilt werden. Die acht Schenkelstücke werden dann in einen großen Topf ganz unten reingelegt.
Das frittierte Gemüse wird nun gemischt darübergelegt und schön festgedrückt.
Nun fehlt noch der Reis. Dieser wird gewaschen und mit Salz, Pfeffer, Curcuma und Paprika gemischt und anschließend im Topf auf dem Gemüse verteilt und festgedrückt.
Zu guter Letzt wird das Wasser, in dem bereits der Gemüsebrühwürfel aufgelöst wurde, über den Reis gegossen bis dieser gerade so bedeckt ist.

Das Ganze wird nun zum Kochen gebracht und danach auf kleiner Stufe ca. eine halbe Stunde gegart.
Nach dem Kochen wird der Topfinhalt auf eine große Platte gestürzt und mit Mandelplättchen oder Pinienkernen – die zuvor im Öl angebraten wurden – dekoriert.
Mit Naturjoghurt serviert, ist Maqlube ein Gericht wie ein Gedicht ...

HOLY-NIGHT-DESSERT

(Biskuitomelett mit Sahne)

Für alle Schleckermäuler gibt es jetzt doch noch etwas Süßes. Holy-Night-Dessert ist ein luftig leichtes Dessert, das mit Sahne-Quark gefüllt ist. Mangostückchen verleihen dem Biskuitomelett einen fruchtig-frischen Geschmack.

REZEPTUR

Für ca. 10-12 Omeletts mit einem Durchmesser von ca. 11 cm

Biskuitmasse

4 Eier
75 g Zucker
80 g Weizenmehl Type 405 oder 550
10 g Kakaopulver
1 Teelöffel Vanillezucker
1 Teelöffel Zimt
Abgeriebene Zitronenschale

Sahne

200 g Bio-Sahne
200 g Magerquark
15 g Zucker
30 g Amaretto
1 Päckchen Sahnesteif

1 Mango (in kleine Stücke schneiden)

HERSTELLUNG

Omeletts:

Eiklar steif schlagen, den Zucker einrieseln lassen und fest aufschlagen. Das verquirlte Eigelb, Zitronenaroma und Vanillezucker untermischen. Gesiebtes Mehl-Kakaogemisch mit einem Schneebesen locker unterheben.
Nun wird die Biskuitmasse in einen Spritzbeutel mit runder Tülle gegeben. Die Omeletts werden mit dem Spritzbeutel von innen nach außen in immer größer werdenden Kreisen, bis zu einem Durchmesser von ca. 11 cm, auf das mit Backpapier belegte Blech aufgespritzt. Dazu wird an einem Punkt auf dem Blech angesetzt. Nun wird die Masse mit leichtem Druck aus dem Spritzbeutel in spiralförmigen Bewegungen bis zur gewünschten Größe auf das Blech gebracht. Zur Hilfe können im Vorfeld Kreise in der gewünschten Größe auf das Backpapier gezeichnet werden. Zwischen den einzelnen Omeletts sollten ca. 2 cm Abstand sein.
Diese werden nun bei 180°C ca. 10 Minuten gebacken.
Nach dem Backen sollten die Omelettes so bald wie möglich vom Backpapier

gelöst werden und mit der Oberseite auf ein frisches Backpapier gelegt werden. Nun werden die Omeletts mit einem dünnen Stab (z.B. einem Kochlöffelstab) in der Mitte leicht eingedrückt, damit sie in erkaltetem Zustand eingeklappt werden können ohne durchzubrechen.
Bis zur Fertigstellung werden die Omeletts nun abgedeckt, damit sie weich bleiben und sich später gut einschlagen lassen.

Sahne-Quark:
Der Quark wird in einer Schüssel leicht aufgeschlagen. Die Sahne wird mit dem Zucker und Amaretto in einen Rührbecher gegeben und leicht angeschlagen, bevor das Sahnesteif unter Rühren zugegeben und die Sahne anschließend steif geschlagen wird.

Fertigstellung:
Die Mango wird geschält und in kleine Stücke geschnitten.
Nun werden ca. 3-5 Mangostücke auf die erkalteten und umgedrehten Omeletts am Rand in einem Halbkreis mit kleinen Abständen gelegt. Von der Mitte beginnend wird die fertige Sahne-Quarkfüllung mit einer Sterntülle zwischen den Mangostückchen durch bis zum Rand aufgespritzt.
Danach kann das Omelett vorsichtig eingeschlagen und leicht auf die Sahne angedrückt werden.

Dekoration:
Die fertigen Omeletts können abschließend leicht mit Puderzucker bestreut werden.
Danach sollten die fertigen Omeletts entweder direkt serviert oder erst noch gekühlt werden. Dazu können die Omeletts direkt auf kleine Teller oder in Papiermanschetten gesetzt werden.

ANSTELLE EINES NACHWORTES:

EINE KLEINE HOMMAGE AN DIE KAMELE

Ich bin Dromi, das Dromedar, und gehöre zur Familie der Altweltkamele. Unsere Heimat ist die alte Welt, genauer gesagt: weite Teile Afrikas und Asiens und somit auch die arabische Halbinsel. Gemeinsam mit ein paar anderen Kamelen wohne ich in einer WG in Betlehem.

Wir Dromedare sind die Kamele mit einem Höcker. Unsere Verwandten, die Trampeltiere, haben noch einen zweiten Höcker.

Mir kam zu Ohren, dass viele Menschen annehmen, Maria und Josef seien in Begleitung eines Esels von Nazaret nach Betlehem und später nach Ägypten gereist. Das kann schon sein. Für sehr wahrscheinlich halte ich das jedoch nicht. Zwar war der Esel über Jahrhunderte hinweg auch im Nahen Osten ein sehr geschätztes Tier, auf dem früher selbst Könige große Auftritte feierten.

Doch bereits einige Zeit vor der Geburt Christi entdeckten die Menschen die Vorzüge der Kamele. Das führt mich klar zu der Annahme, dass Maria und Josef mit einem Kamel, genauer einem Dromedar, unterwegs waren. Dafür gibt es, wie ich finde, zumindest gute Gründe.

Ich habe mir sagen lassen, in Deutschland, besonders im Süden der Republik, würden selbstständige Bauhandwerker mit Vorliebe die in ihren Regionen produzierten Oberklassewagen von Mercedes und BMW fahren. Auch

bei den Arabern sind Mercedes sehr gefragte Autos. Aus meiner Sicht ist das Kamel der Mercedes unter den Transport- und Reittieren. Wir sind die Oberklassenlimousinen des Orients mit absoluter Alltagstauglichkeit. Josef wird als gestandener Bauhandwerker sicher auch eine Vorliebe für Funktionalität und Spitzenqualität gehabt haben. All das haben wir Kamele bis heute zu bieten. Wir sind allen anderen Tieren, die für eine weite Reise im Orient infrage kämen, in Vielem überlegen.
Weit bekannt und geschätzt ist unsere Fähigkeit, viel Wasser zu speichern. Mit vollem Tank kommen wir bis zu 14 Tage ohne Wasserzufuhr aus. Eine falsche Annahme dabei ist jedoch, dass wir das Wasser in unserem Höcker einlagern. Dieser dient uns vielmehr als Fettspeicher mit einer Reichweite von bis zu 30 Tagen ohne Nahrungszufuhr. Das Wasser lagern wir an anderen Stellen in unserem Körper ein, gerne 100 bis 150 Liter. Wir müssen auch nicht so oft Wasser lassen wie andere Tiere. Wenn wir mal müssen, ist unser Urin stark konzentriert und wird gleich auch für unsere Klimaanlage verwendet, doch dazu später mehr. Apropos Müssen, auch unserem Kot ist nahezu alle Flüssigkeit entzogen. Ganz anders als beispielsweise bei euren Kühen. Unser Kot wird teilweise sogar direkt als kostenloses Brennmaterial verwendet. Dank unserer Nasenschleimhäute können wir außerdem aus der Luft Wasser aufnehmen.
Ich habe ja schon unser eigenes Klimasystem erwähnt. Wir pinkeln uns über die Hinterbeine und kühlen sie damit gleichzeitig. Praktisch oder? Sehr geschickt ist auch unsere variable Körpertemperatur. Diese kann Schwankungen von sechs bis acht Grad aushalten. Da hättet ihr Menschen längst einen knallroten Kopf und Fieber. Wir dagegen senken abends unsere Körpertemperatur ab. Tagsüber steigt diese dann langsam wieder an. Eine äußerst energieeffiziente Fähigkeit.

Wir haben nicht nur eine körpereigene Klimaanlage, sondern auch ein geniales Navigationssystem. Das läuft dank unseres super Gedächtnisses auch völlig ohne GPS und irgendwelche Updates. Wir können uns Dinge und Wege bestens merken und finden uns selbst in von Stürmen verwehten Sandwüsten problemlos zurecht. Ja, die Sandstürme, ich weiß, die mögen Menschen und viele andere Tiere absolut gar nicht. Uns machen die dagegen nichts aus. Denn nicht nur im Windkanal zeigen wir optimale aerodynamische Eigenschaften. Unsere langen Wimpern schützen die Augen vor aufgewirbeltem Sand. Auch unsere Ohren sind aus diesem Grund mit langen Haaren bewachsen. Wenn's ganz dick kommt, schließen wir ohne Probleme unsere Nasenlöcher, sodass auch hier kein Sand eindringen kann.
Gerne werden wir als Transporter gebucht und mit bis zu 250 Kilogramm schweren Lasten beladen. Wer es wagt, sich auf unseren Rücken zu begeben, unternimmt mitunter eine wilde Fahrt. Zum einen bedingt durch unsere beschwingte Art zu gehen, die unsere Passagiere ordentlich durchschaukelt und uns die Bezeichnung „Wüstenschiffe" einbrachte. Andererseits erreichen wir,

wenn's sein muss, rasante 50 Stundenkilometer. Dabei sind wir absolut keine Leichtgewichte. Wir bringen schon mal über 700 Kilogramm auf die Waage. Große Kamelhengste können sogar bis zu einer Tonne wiegen, womit wir wieder bei den Autos wären.
Was wir tanken, habe ich ja bereits erwähnt. Wir fressen Pflanzen, in der Wüste auch dorniges und salziges Gestrüpp. In der Zivilisation gerne auch Heu und Stroh. Uns könnt ihr theoretisch auch essen, doch rate ich davon eigentlich immer ab. Was wir jedoch sehr gerne den Menschen überlassen, ist unsere Milch. Sie ist sehr gesund und dient als Naturheilmittel insbesondere bei Hautproblemen. Dabei kann sie innerlich und äußerlich angewendet werden.
Auch wenn man es vermuten könnte, wir sind keine Fluchttiere. Ganz im Gegensatz zu vielen anderen Tieren, beispielsweise Pferden. Wir sind auch im größten Chaos und Stress die Ruhe im Sturm. Unsere Gelassenheit ist selbst für Menschen in unserer Gegenwart heilsam. Überhaupt sind wir sehr genügsame Zeitgenossen. Wir sind nicht anspruchsvoll, erfüllen jedoch höchste Ansprüche. Bei so vielen Vorzügen will ich unsere problematischen Eigenschaften nicht verschweigen. Meine Artgenossen und ich sind sehr eifersüchtig. Doch das soll es ja auch unter den besten Menschen geben.
Böse und zwar so richtig böse werde ich, wenn mich jemand schlägt. Sollte mir ein Mensch jemals auf solche Weise Schmerzen zufügen, tut er gut daran, mir anschließend mein Leben lang nicht mehr zu begegnen. Denn ich kann mir einen solchen Täter mein Leben lang merken. Sollte es zu einer erneuten Begegnung kommen, auch Jahre oder Jahrzehnte später, kann es für den betreffenden Menschen sehr gefährlich werden. Es ist nicht ausgeschlossen, dass so jemand völlig unter die Räder kommt – ich meine unter den berühmt berüchtigten fünften Fuß, den wir Kamele besitzen. Naja, Füße haben wir tatsächlich nur vier. Doch der Knochen unter dem Bauch hinter unseren Vorderbeinen wird gerne als fünfter Fuß bezeichnet. Wer darunter gerät, mit 700 Kilo Gewicht darüber, steht im Zweifelsfall nicht wieder auf. Doch zu solch drastischen Maßnahmen greifen wir Kamele wirklich nur, wenn uns jemand Böses will.
Ansonsten sind wir sehr liebenswerte Tiere, die sich über jede Form von Zuwendung freuen. Unsere Gesellschaft wird inzwischen von Menschen weltweit sehr geschätzt und auch zu Therapiezwecken werden wir vermehrt hinzugezogen. Kinder mit AD(H)S sind für uns beispielsweise gar kein Problem, auch traumatisierte und stark eingeschüchterte Menschen finden durch uns vielfach zu neuer Stärke. Davon wussten die Menschen vor über zweitausend Jahren sicher noch nicht so viel. Möglicherweise wussten sie es sogar, es gab wohl nur noch keine Studien darüber.
Übrigens: Bis heute stellen die Olivenholzschnitzer in Betlehem ein Vielfaches mehr Kamele her als Esel.
Habe ich euch damit überzeugt? Falls nicht, habe ich euch hoffentlich ein wenig von mir und meinen Freunden begeistern können. Darüber wäre ich zumindest stolz bis unter meinen Höcker.

LÖSUNGEN

Lösungen Spiel 1 – Geschichtsquiz

A

1) Augustus war Kaiser des?
C) römischen Reiches

2) Der römische Titel „Augustus“ wurde ihm 27 v. Chr. verliehen und anschließend von allen röm. Kaisern geführt. Als Name bezog sich Augustus nur auf ihn. Doch wie hieß er ursprünglich?
A) Gaius Julius Caesar Octavius

3) Kaiser Augustus ist der Namensgeber für unseren Kalendermonat
B) August

4) Wie hieß der bekannte Großonkel, der den als Gaius Octavius geborenen Jungen erzog und später adoptierte?
C) Julius Caesar

5) Der wievielte römische Kaiser der Antike war Augustus?
B) Der Erste

6) Wann war seine Regierungszeit?
C) 27 v. Chr. - 14 n. Chr.

7) Was war die zweite Amtssprache im östlichen Teil des römischen Reiches?
D) Griechisch

B

1) Unter welchem Namen ist uns der Wegbereiter und Vorläufer von Jesus bekannt?
C) Johannes der Täufer

2) Wer kündigte Maria an, dass sie als Jungfrau Jesus zur Welt bringen sollte?
B) Engel Gabriel

3) Wovon ernährte sich Johannes der Täufer?
A) Von Heuschrecken und wildem Honig

4) Welche Prophezeiung aus dem alttestamentlichen Buch Jesaja wird als Hinweis auf Jesus verstanden?
A) Der leidende Gottesknecht

5) Bei einem alttestamentlichen Propheten findet sich ein Hinweis auf die Herkunft eines neuen Königs, der an die Tradition des davidischen Königtums anknüpfen sollte. Aus welchem Ort soll dieser Hoffnungsträger, dem Propheten nach, kommen?
C) Betlehem

6) Was bedeutet der Name Jesus?
C) Gott schafft Heil

7) Was bedeutet der Titel „Christus“?
D) Der Gesalbte

C

1) Wie hieß der große jüdische König zur Zeit der Geburt Jesu?
C) Herodes

2) Wie hieß der Vater dieses ehrgeizigen Königs?
A) Antipater

3) Was brachten die Weisen aus dem Morgenland Jesus als Geschenke mit?
B) Gold, Weihrauch, Myrrhe

4) Was ordnete Herodes der Große in Betlehem an?
D) Den Mord aller Kinder im Alter von 2 Jahren und jünger

5) Wie heißt die Festung, die Herodes der Große in der judäischen Wüste nahe Betlehem erbauen ließ?

B) Herodeion

6) Wie schwer waren die Steine, die Herodes bei dem ambitionierten Ausbau des Jerusalemer Tempels für den Bau der Umfassungsmauer herschaffen ließ?
C) Bis zu 100 Tonnen

7) Mit welchen Worten soll Kaiser Augustus die Furcht des Herodes vor Hochverrat und seine Eifersucht kommentiert haben?
A) Ein Schwein lebt am Hof des Herodes sicherer als ein eigener Sohn.

Lösungen Spiel 2 – Rechnen

R1
5 + 19 - 17 = 7
4 x 12 = 48
4 - 12 + 15 = 7
5 x 19 = 95
7 + 5 - 3 = 9
13 x 9 = 117
13 - 9 + 16 = 20
7 x 5 = 35
8 + 16 - 11 = 13
8 x 16 = 128

R2
7 + 18 + 4 = 29
9 x 17 = 153
9 + 9 + 9 = 27
14 x 6 = 84
4 - 19 + 13 = -2
12 x 7 = 84
17 - 18 + 19 = 18
10 x 20 = 200
2 + 3 + 4 = 9
3 x 18 = 54

R3
8 + 14 - 7 = 15
7 x 18 = 126
13 + 13 - 14 = 12
9 x 9 = 81
20 - 17 + 9 = 12
4 x 19 = 76
6 + 9 + 12 = 27
17 x 18 = 306
4 + 9 + 14 = 27
2 x 3 = 6

R4
6 + 13 - 18 = 1
13 x 12 = 156
5 + 5 - 9 = 1
16 x 13 = 208
11 + 11 - 12 = 10
15 x 9 = 135
13 + 12 - 11 = 14
7 x 6 = 42
3 + 19 - 15 = 7
19 x 20 = 380

Lösungen Spiel 13 – Lieder raten

A

1. Wie heißt das Lied, aus dem folgende Textstücke stammen?
Kommt, singet dem Herren, singt, ihr Engelchöre
Gott, wahrer Gott von Ewigkeit geboren
Verschmähst nicht zu ruhn in Marien Schoß
Du König der Ehren, Herrscher der Heerscharen
Sehet das Kindlein, uns zum Heil geboren
Herbei, o ihr Gläub'gen (EG 45)

2. Wie heißt das Lied, aus dem folgende Textstücke stammen?
Hirten, warum wird gesungen?
Dankbar singen sie heut alle
Welch ein Sieg ward denn errungen
Und die Berge hallen wider von des Himmels Lobgesang
Gloria, in excelsis Deo
Hört, der Engel helle Lieder (EG 54)

3. Wie heißt das Lied, aus dem folgende Textstücke stammen?
Das Ende wird zum Anfang
Gott will auch dir begegnen
Sein Licht wird dich erfüllen
Gottes Licht ist zu uns durchgedrungen
Gott ist da
In der Nacht von Betlehem

4. Wie heißt das Lied, aus dem folgende Textstücke stammen?
Hört nur, wie lieblich es schallt
In den Herzen wird's warm
Weihnachtlich glänzet der Wald
Sorge des Lebens verhallt
still und starr ruht der See
Leise rieselt der Schnee

5. Wie heißt das Lied, aus dem folgende Textstücke stammen?
Kehrt mit seinem Segen
Wo wir Menschen sind
Geht auf allen Wegen mit uns ein und aus
Ist auch mir zur Seite, still und unerkannt
Auf die Erde nieder
Alle Jahre wieder

6. Wie heißt das Lied, aus dem folgende Textstücke stammen?
Welch ein Jubel, welch ein Leben
heißa dann ist Weihnachtstag
Wie wird dann die Stube glänzen
Einmal werden wir noch wach
Morgen werden wir uns freun
Morgen, Kinder, wird's was geben

7. Wie heißt das Lied, aus dem folgende Textstücke stammen?
Erhebet die Hände und danket wie sie
Du liebes, du göttliches Kind
Seht, was in dieser hochheiligen Nacht
Bei des Lichtleins hellglänzendem Strahl
Wir geben sie gerne mit fröhlichem Sinn
Ihr Kinderlein kommet (EG 43)

B

1. Wie heißt das Lied, aus dem folgende Textstücke stammen?
Euch ist ein Kindlein heut geborn
Es ist der Herr Christ, unser Gott
Ich bring euch gute neue Mär
Ein Kindelein so zart und fein
Er will eu´r Heiland selber sein
Vom Himmel hoch, da komm ich her (EG 24)

2. Wie heißt das Lied, aus dem folgende Textstücke stammen?
Welt ging verloren
Christ ist erschienen
Gnadenbringende Weihnachtszeit
Freue dich, o Christenheit
Himmlische Heere jauchzen dir Ehre
O du fröhliche (EG 44)

3. Wie heißt das Lied, aus dem folgende Textstücke stammen?
Kommt und hört den Freudenton
Er schenkt uns das Leben
Seine Gnade trägt uns durch die Zeit
Gott ließ uns nicht laufen
Einfluss, Macht und Geld.
Gott wurde arm für uns

4. Wie heißt das Lied, aus dem folgende Textstücke stammen?
Gott sei Lob, Ehr und Preis
Und nimmt an eines Knechts Gestalt
In einem Krippelein
Das herze Jesulein
Der Schöpfer aller Ding
Lobt Gott, ihr Christen alle gleich (EG 27)

5. Wie heißt das Lied, aus dem folgende Textstücke stammen?
Holder Knabe im lockigen Haar
Tönt es laut von fern und nah
Schlaf in himmlischer Ruh
Hirten erst kundgemacht
Alles schläft, einsam wacht
Stille Nacht, heilige Nacht (EG 46)

6. Wie heißt das Lied, aus dem folgende Textstücke stammen?
Segnet den Vater, die Mutter, das Kind
Wie sie gesungen in seliger Nacht
Alle dann jauchzen mit frohem Gesang
Grad als ob Engelein singen
Klingen die Erde entlang
Süßer die Glocken nie klingen

7. Wie heißt das Lied, aus dem folgende Textstücke stammen?
Die Hoffnung und Beständigkeit
Wie oft hat nicht zur Weihnachtszeit
Gibt Trost und Kraft zu jeder Zeit
Nein, auch im Winter, wenn es schneit
wie treu sind deine Blätter
O Tannenbaum

C

1. Wie heißt das Lied, aus dem folgende Textstücke stammen?
Die Zweiglein der Gottseligkeit
Sein Zepter ist Barmherzigkeit
Wohl allen Herzen insgemein
Gelobet sei mein Gott
Mein Heiland groß von Tat
Macht hoch die Tür (EG 1)

2. Wie heißt das Lied, aus dem folgende Textstücke stammen?
Weihnachtston, Weihnachtsbaum,
Licht auf dunklem Wege
Denn es kommt das Heil der Welt
Weihnachtsduft in jedem Raum
Von des Vaters Thron
Fröhliche Weihnacht überall

3. Wie heißt das Lied, aus dem folgende Textstücke stammen?
Wie uns die Alten sungen
Hat sie ein Kind geboren
Wahr' Mensch und wahrer Gott
Mitten im kalten Winter
Rettet von Sünd und Tod
Es ist ein Ros' entsprungen (EG 30)

4. Wie heißt das Lied, aus dem folgende Textstücke stammen?
Ich komme, bring und schenke dir
Da ich noch nicht geboren war
So lass mich doch dein Kripplein sein
Nimm hin, es ist mein Geist und Sinn
Ich sehe dich mit Freuden an und kann mich nicht satt sehen
Ich steh an deiner Krippen hier (EG 37)

5. Wie heißt das Lied, aus dem folgende Textstücke stammen?
Puppen, Pferdchen, Sang und Spiel
Ja, o welch ein Glücksgefühl
Und auch sonst der Freude viel
Könnt´ ich alle haben
Kommt mit seinen Gaben
Morgen kommt der Weihnachtsmann

6. Wie heißt das Lied, aus dem folgende Textstücke stammen?
Du hast uns hergeführt, wir danken dir
Nun bleibst du stehn
Das da geschehen, was niemand gedacht
Zeig uns den Weg, führ uns zur Krippe hin
Leuchte du uns voran, bis wir dort sind
Stern über Betlehem

7. Wie heißt das Lied, aus dem folgende Textstücke stammen?
Hell erglüh´n die Kerzen
Sollt euch dran erlaben
Ist so kalt der Winter
Mädchen hört und Bübchen
Bring euch viele Gaben
Kling Glöckchen, kling

Lösung Spiel 15 – richtig oder falsch?

A

1) Franz von Assisi führte im 13. Jahrhundert das kirchliche Krippenspiel ein.
Richtig

2) Lukas berichtet in seiner Weihnachtserzählung, dass Maria und Josef mit einem Esel von Nazaret nach Betlehem reisten.
Falsch

3) Am ersten Weihnachtstag wird im Fernsehen die traditionelle Weihnachtsansprache des/der deutschen Bundeskanzlers/Bundeskanzlerin ausgestrahlt.
Falsch
Die Weihnachtsansprache hält der Bundespräsident.

4) Ebenfalls am ersten Weihnachtstag versammeln sich Zehntausende auf dem Petersplatz in Rom, um vom Papst den Segen „Urbi et Orbi“ zu empfangen.
Richtig

5) Das Lied „Stille Nacht, Heilige Nacht“ wurde an Heiligabend 1818 in einer kleinen Kirche bei Salzburg uraufgeführt und später in über 300 Sprachen übersetzt.
Richtig

6) Josef nahm Maria mit nach Betlehem, um sie dort seinen Verwandten vorzustellen.
Falsch

7) Neben Lukas berichtet noch der Evangelist Markus von Jesu Geburt.
Falsch
Markus berichtet nicht von Jesu Geburt. Weitere Details rund um die Geburt Jesu erzählt Matthäus.

B

1) Der Vater von Marias Mann Josef hieß Jakob.
Richtig, vgl. Mt 1,16

2) Der Zensus wurde alle zehn Jahre durchgeführt.
Falsch, vgl. Lk 2,2

3) Simeon bekam von einem Engel die Nachricht, dass er Jesus im Tempel treffen könnte.
Falsch, vgl. Lk 2,25-35

4) Als Herodes von der Geburt eines Königs hörte, erschrak er als Einziger und trommelte sofort alle Gelehrten zu einer Krisensitzung zusammen.
Falsch, vgl. Mt 2,3

5) Die Weisen aus dem Morgenland fielen vor Jesus nieder und schenkten ihm Gold, Weihrauch und Myrrhe.
Richtig, vgl. Mt 2,11

6) Josef bekam nicht durch einen Ultraschall, sondern von einem Engel gesagt, dass Maria einen Sohn zur Welt bringen wird und sie ihn Jesus nennen sollen.
Richtig, vgl. Mt 1,21

7) Herodes freute sich, dass er von den Weisen nichts mehr hörte, da er dies als ein gutes Zeichen für sein Königtum interpretierte.
Falsch, vgl. Mt 2,16

C

1) Das bekannte Weihnachtslied „Last Christmas" der Gruppe „Wham!" wurde erstmals im Dezember 1984 veröffentlicht.
Richtig

2) Trotz seiner ungebrochenen Beliebtheit schaffte es das Lied nie in die Top Ten der Deutschen Singlecharts.
Falsch.
Top Ten Platzierungen gab es 1984/85 mit Platz 7 und 2007/08 wurde Platz 4 erreicht.

3) Die Adventszeit beginnt mit dem ersten Weihnachtsmarkt und endet an Heiligabend.
Falsch.
Die Adventszeit beginnt mit dem 1. Advent

4) Advent kommt von dem lateinischen Adventus Domini, das „Ankunft des Herrn" bedeutet.
Richtig

5) Mit seinem Weihnachtslied „Ihr Kinderlein, kommet" ist Paul Gerhardt ein Lied gelungen, das bis heute alle Jahre wieder gerne gesungen wird.
Falsch.
Das Lied stammt aus der Feder von Christoph von Schmid.

6) Johann Hinrich Wichern gilt als der Erfinder des Adventskranzes.
Richtig.
Er verwendete erstmals 1839 einen Adventskranz. Dieser hatte für jeden Tag im Advent eine kleine Kerze und für die Adventssonntage vier große.

7) In dem beliebten Lied „Jingle Bells" gibt es keinen Bezug zu Weihnachten.
Richtig.
Es ist ein Lied über Pferdeschlittenrennen.

Lösungen Spiel 16 – Wörter gesucht

A

1. Welche Person versteckt sich hier?
SAUGERUKUSISTA
Kaiser Augustus

2. Welcher Ort ist hier gesucht?
HATSATTDEIM
Heimatstadt

3. Ein sehr bekannter Gegenstand aus der Weihnachtsgeschichte
PETERKURPFIT
Futterkrippe

4. Auf wem liegen hier die Hoffnungen?
REGENBROSTERE
Erstgeborener

5. Sie hat jeder gerne
EFRATIEGE
Feiertage

B

1. Eine himmlische Truppe
SEELENHERG
Engelsheer

2. Welcher Ort ist hier versteckt?
TELEBEHM
Betlehem

3. Eine einmalige Person
NESCHSOMHENN
Menschensohn

4. Ausdruck der Freude
GLOBANSEG
Lobgesang

5. Ein besonderes Erlebnis
SCHUNNGEIER
Erscheinung

C

1. Ein befreiendes Ereignis
TREGUNT
Rettung

2. Um welches Zeichen handelt es sich hier?
RIVEDSTAND
Davidstern

3. Da steckt Großes dahinter.
BEERFAUDTFONTSCH
Freudenbotschaft

4. Welcher romantische Ort ist hier gesucht?
SELTERLEUFE
Feuerstelle

5. Was wird hier gefeiert?
HIFTANESCHWEST
Weihnachtsfest

D

1. Welcher Ort versteckt sich hier?
REZATAN
Nazaret

2. Eine spezielle Zeit
TECHNOTWEB
Wochenbett

3. Welcher Gegenstand ist hier verborgen?
WENNLID
Windeln

4. Eine tierische Gesellschaft
RESCHEFAHD
Schafherde

5. Womit wurde hier improvisiert?
RENNTFONTUKUT
Notunterkunft

LITERATUR

Betz, Otto:
Art. Herodes der Große, in: Calwer Bibel Lexikon (^{2}2006), 542-547

Bunners, Christian:
Paul Gerhardt: Weg – Werk – Wirkung, München/Berlin 21994

Campolo, Tony:
Party auf Zimmer 210. Inspirierende und tiefgründige Geschichten, Asslar 2006

Eißler, Friedmann:
Art. Augustus, in: Calwer Bibel Lexikon (^{2}2006), 138-139

Evangelisches Gesangbuch:
Ausgabe für die Evangelische Landeskirche in Baden, Karlsruhe 1995

Hahne, Peter:
Hoffen, handeln, wachen!, in: Scheffbuch, Rolf (Hg.): Gespannt auf Jesus warten, Stuttgart 1991, 189-192

Majer, Martin:
Art. Betlehem, in: Calwer Bibel Lexikon (^{2}2006), 181-182

Müller-Bohn, Jost:
Trost und Freud zu jeder Zeit. Paul Gerhardts Lieder im Wandel der Jahrhunderte, Lahr 1987

Im Auftrag des Deutschen Jugendverbandes „Entschieden für Christus" (EC) e.V.

Gedruckt auf FSC-zertifiziertem Papier
Umschlaggestaltung und Satz:
be · Dieter Betz Design-Kommunikation, Friolzheim
Coverillustration: carlosgarde/Fotolia
Fotos: Tobias Götz
Druck- und Gesamtherstellung: CPI books, Leck

ISBN 978-3-87092-572-7
Bestellnr. 182.572